W9-CIJ-096

SCIENCES DE L'EXERCICE
MANUEL DE L'ÉLÈVE

L'étude du mouvement humain et de la santé

Peter Klavora, PhD

Peter Maione, BPHE

Faculté d'éducation physique et de la santé
Université de Toronto

Sport Books Publisher

DROITS D'AUTEURS

Infographie par My1 Designs

ISBN 0-920905-90-0

Distribution internationale par
Sport Books Publisher
278, rue Robert
Toronto (Ontario) M5S 2K8
Canada

http://www.sportbookspub.com
Courriel : sbp@sportbookspub.com
Télécopieur : (416) 966-9022

Imprimé au Canada

PRÉFACE

J'entends et j'oublie.

Je vois et je me souviens.

Je fais et je comprends.

Proverbe chinois

Le **Manuel de l'élève – Sciences de l'exercice** est un compagnon précieux pour le livre **Fondements en sciences de l'exercice – L'étude du mouvement humain et de la santé**. C'est un manuel scolaire développé particulièrement pour le cours Sciences de l'activité physique – 12e année, niveau pré-universitaire (PSE4U).

C'est en gardant le proverbe chinois ci-dessus en mémoire que les activités pratiques dans ce **Manuel de l'élève** sont conçues afin d'aider l'étudiant à *comprendre* la base scientifique de l'éducation physique et du mouvement humain. Plus de 130 activités, exercices en laboratoire et travaux pratiques sont offerts dans 13 chapitres afin de couvrir la matière des chapitres importants du cours.

Ces activités amusantes et pratiques, basées sur la recherche actuelle dans plusieurs domaines, furent sélectionnées attentivement afin de favoriser l'auto-apprentissage, l'apprentissage en tandem ou en groupe.

Pour encourager une démarche de comparaison et d'évaluation, la plupart des activités traitant de la condition physique et de l'évaluation des habiletés présentent également les normes recensées dans les domaines étudiés. Dans la mesure du possible, les normes utilisées proviennent de recherches menées au Canada. Cependant, les cas où les données canadiennes n'étaient pas disponibles, les normes américaines ou européennes ont été utilisées. Dans la majorité des cas, les normes furent adaptées pour simplifier la démarche d'évaluation de la condition physique et des niveaux de performance.

CONTENU

Préface   *3*

Chapitre 1   **Santé et mieux-être   *1–2***

Profil santé et mieux-être   *1–3*
Inventaire des ressources pour la santé   *1–6*
Coup d'œil sur l'environnement   *1–7*
Sondage dans la communauté   *1–8*
Plus personnel   *1–9*
Pratiques de santé alternatives   *1–10*
L'humour comme médecine préventive   *1–11*
Sondage sur le stress de l'étudiant   *1–12*

UNITÉ 1:
LES BASES BIOLOGIQUES
DU MOUVEMENT HUMAIN

(Correspond aux chapitres
2-8 dans le manuel de
cours)

Chapitre 2   **L'anatomie humaine   *2–2***

Familiarisation avec les termes d'orientation   *2–3*
Mouvements et plans anatomiques   *2–4*
Mouvements et types d'articulations   *2–5*
Les os du corps humain   *2–6*
Les muscles du corps humain dévoilés   *2–14*

Chapitre 3   **Le coeur et les poumons au travail   *3–2***

Se rendre au coeur de la matière   *3–3*
À chaque respiration   *3–4*
La circulation systémique   *3–5*
La zone cardiaque d'entraînement   *3–6*
Le test de la marche   *3–9*
Le test de la capacité aérobique   *3–11*
Le test du volume pulmonaire   *3–13*

Chapitre 4   **Biomécanique   *4–2***

Introduction à la biomécanique   *4–3*
Masse et inertie   *4–4*
Force et accélération   *4–5*
Impulsion et impact   *4–6*
Projectile en mouvement   *4–7*
Dynamique des fluides   *4–8*
Équilibre et stabilité   *4–9*
Qu'avez-vous appris ?   *4–10*

Chapitre 5   **Les blessures sportives   *5–2***

Visiter un professionnel de la santé   *5–3*
Révélations sur les médicaments contre la douleur   *5–3*
Reconnaître les mécanismes de blessures sportives   *5–4*
Prévention et traitement des blessures musculo-squelettiques   *5–4*
Échauffement pour la prévention de blessures sportives   *5–4*

UNITÉ 2:
PERFORMANCE HUMAINE

(Correspond aux chapitres
9-14 dans le manuel de
cours)

Chapitre 6   **Tester votre forme physique   *6–2***

Tests d'endurance cardio-vasculaire   *6–3*
Tests d'agilité   *6–7*
Testez votre flexibilité   *6–12*
Tests d'endurance musculaire   *6–22*
Tests de puissance musculaire   *6–24*

Chapitre 7   **Le lien nutritionnel   *7–2***

Classification des aliments   *7–3*
Inventaire des aliments   *7–4*

CONTENU *(suite)*

Quiz : Les aliments et leurs effets sur le corps *7–5*
Conseils pour prendre ou perdre du poids *7–6*
Liste des aliments préférés *7–8*
Mon dossier alimentaire *7–9*
Ressources sur le Web *7–10*
Surveillez vos habitudes alimentaires *7–11*
Calcul de l'indice de masse corporelle *7–12*

Chapitre 8   **Utilisation et abus de substances *8–2***

Reconnaître les compléments alimentaires *8–3*
Question de société : comment arrête-t-on de fumer ? *8–3*
Créatine : l'utiliser ou l'oublier ? *8–3*
Gagner à tout prix *8–4*
Se surpasser en sport sans utiliser de drogues *8–4*
Pris en flagrant délit *8–4*
Qu'avez-vous retenu ? *8–5*

Chapitre 9   **Psychologie sportive *9–2***

Mon athlète favori *9–3*
Entretien avec un athlète *9–3*
Entretien avec un non-athlète *9–3*
Techniques de relaxation *9–4*
Présence d'un public : aide ou gêne ? *9–4*

UNITÉ 3:
DÉVELOPPEMENT MOTEUR

(Correspond aux chapitres 15-18 dans le manuel de cours)

Chapitre 10   **Croissance et développement *10–2***

Sondage sur l'inactivité physique *10–3*
Importance de l'exercice physique *10–3*
Entraînement efficace pour les jeunes *10–3*
Rapport sur les pauses récréatives à l'école *10–4*
Diagramme chronologique du développement *10–4*

Chapitre 11   **Développement moteur *11–2***

Les temps de réaction et de réponse *11–3*
Les tests d'aptitudes visuelles *11–8*
Les tests de coordination *11–11*
Vérifiez votre équilibre *11–14*
Vérifiez vos habiletés d'anticipation *11–17*
Se servir de ses sens *11–19*

UNITÉ 4:
ACTIVITÉ PHYSIQUE, SPORT ET SOCIÉTÉ

(Correspond aux chapitres 19-21 dans le manuel de cours)

Chapitre 12   **Activités physiques et problèmes sportifs *12–2***

L'agressivité dans les sports *12–3*
Comportements déviants dans les pratiques sportives au secondaire *12–4*
Le sport féminin dans le monde *12–4*
L'activité physique chez les personnes du troisième âge *12–5*
Les technologies et les sports *12–5*

Chapitre 13   **Société, culture et sport *13–2***

Biographie d'athlète *13–3*
Couverture médiatique des sports *13–3*
Les industries de l'alcool et du tabac comme sponsors : débat *13–3*
Envolée des salaires : les joueurs en valent-ils le coup ? *13–4*
L'économie du Hockey dans le monde entier *13–4*
Le monde du « sportainment » *13–4*

Ressources *14–2*

INTRODUCTION

SANTÉ ET MIEUX-ÊTRE

 CHAPITRE UN   ACTIVITÉS ET TRAVAUX PRATIQUES

1   Profil santé et mieux-être   *1–3*

2   Inventaire des ressources pour la santé   *1–6*

3   Coup d'œil sur l'environnement   *1–7*

4   Sondage dans la communauté   *1–8*

5   Plus personnel   *1–9*

6   Pratiques de santé alternatives   *1–10*

7   L'humour comme médecine préventive   *1–11*

8   Sondage sur le stress de l'étudiant   *1–12*

ACTIVITÉ 1   Profil santé et mieux-être

Profil santé et mieux-être

Le profil santé et mieux-être est conçu afin de vous aider à déterminer quels sont les aspects de votre mode de vie qui font votre force et quels sont ceux à améliorer. Les résultats de l'enquête illustrent votre mode de vie à un moment précis dans le temps ; ils ne reflètent en aucun cas un état figé. Ces résultats vous inciteront à réfléchir à votre mode de vie, votre environnement, les défis qui vous attendent et les opportunités que vous pourriez saisir afin d'améliorer votre santé dans son ensemble.

Pour chaque catégorie, un certain nombre de questions vous aident à identifier une cote moyenne pour chacune des dimensions de la santé. Par exemple, examinez les questions sur la santé physique et donnez-vous une cote de 1 (très malsain) à 4 (très sain). Ces résultats indiquent votre perception sur votre santé physique. Il est permis d'inclure d'autres facteurs ou questions reliés à la santé physique qui peuvent influer sur vos perceptions. À la fin de cet exercice, vous pourrez créer votre profil santé et mieux-être sur le web ; profil que vous pourrez interpréter alors d'un simple coup d'œil.

	Rarement, voir jamais	De temps en temps	La plupart du temps	Toujours
SANTÉ PHYSIQUE				
1. Je fais des exercices vigoureux au moins 30 minutes par jour.	1	2	3	4
2. Je ne fume pas.	1	2	3	4
3. J'ai beaucoup d'énergie et je peux travailler une journée entière sans me sentir trop fatigué.	1	2	3	4
4. Je maintiens un poids corporel qui me permet de faire ce qui me plaît.	1	2	3	4
5. J'ai un système immunitaire robuste. Je peux combattre les rhumes la plupart du temps et récupérer de façon rapide.	1	2	3	4

Cote Moyenne : _____

	Rarement, voir jamais	De temps en temps	La plupart du temps	Toujours
SANTÉ SOCIALE				
1. Je suis honnête et ouvert avec les autres.	1	2	3	4
2. Je m'entends bien avec les autres.	1	2	3	4
3. Je m'entends bien avec les membres de ma famille.	1	2	3	4
4. Il y a une personne avec qui je peux partager mes sentiments.	1	2	3	4
5. J'écoute bien les autres.	1	2	3	4

Cote Moyenne : _____

ACTIVITÉ 1   *Profil santé et mieux-être (suite)*

	Rarement, voir jamais	De temps en temps	La plupart du temps	Toujours
SANTÉ AFFECTIVE				
1. Je ris facilement d'incidents qui m'arrivent.	1	2	3	4
2. Je peux exprimer mes sentiments sans me sentir coupable ou ridicule.	1	2	3	4
3. Je sais identifier ce qui me stresse et je m'organise pour le maîtriser.	1	2	3	4
4. Je suis bien dans ma peau et je pense que les autres m'aiment pour qui je suis.	1	2	3	4
5. Mes amis me voient comme une personne responsable et bien équilibrée au plan affectif.	1	2	3	4

Cote Moyenne : _____

	Rarement, voir jamais	De temps en temps	La plupart du temps	Toujours
SANTÉ ENVIRONNEMENTALE				
1. J'évite les événements médiatiques qui sont insultants ou discriminatoires envers l'individu (promouvoir le racisme, par exemple).	1	2	3	4
2. Mes conditions socio-économiques me permettent de profiter de programmes de santé et de centres de loisirs qui sont offerts par ma communauté pour le mieux-être.	1	2	3	4
3. Je passe du temps avec des gens qui me respectent et qui respectent mon système de valeurs.	1	2	3	4
4. Je me préoccupe de la pollution environnementale et je participe activement à la protection et la préservation des ressources naturelles.	1	2	3	4
5. Selon moi, peu de barrières politiques et sociales m'empêchent d'atteindre mon plein potentiel.	1	2	3	4

Cote Moyenne : _____

	Rarement, voir jamais	De temps en temps	La plupart du temps	Toujours
SANTÉ SPIRITUELLE				
1. Je crois que la vie est un cadeau précieux que l'on doit protéger avec le plus grand soin.	1	2	3	4
2. Je prends le temps d'apprécier la beauté et la nature autour de moi.	1	2	3	4
3. Je m'engage à aider et prendre soin des autres sans rien attendre en échange.	1	2	3	4
4. Je suis bien dans ma peau.	1	2	3	4
5. Je pense avoir contribué de façon positive à la vie des autres.	1	2	3	4

Cote Moyenne : _____

ACTIVITÉ 1   *Profil santé et mieux-être (suite)*

SANTÉ MENTALE	Rarement, voir jamais	De temps en temps	La plupart du temps	Toujours
1. Je fais l'effort de m'informer sur les produits et les services avant de prendre une décision.	1	2	3	4
2. J'apprends, grâce à mes erreurs, et j'agis différemment les prochaines fois.	1	2	3	4
3. Je suis les directives et les recommandations afin d'assurer ma sécurité et celle des autres.	1	2	3	4
4. Je considère toujours plusieurs solutions avant de prendre une décision.	1	2	3	4
5. Je suis alerte et prêt à affronter les défis de la vie de façon sage et réfléchie.	1	2	3	4

Cote Moyenne : _____

Entrez chaque cote moyenne sur l'axe approprié et joignez les points entre eux de manière à créer votre profil santé et mieux-être (figure 1).

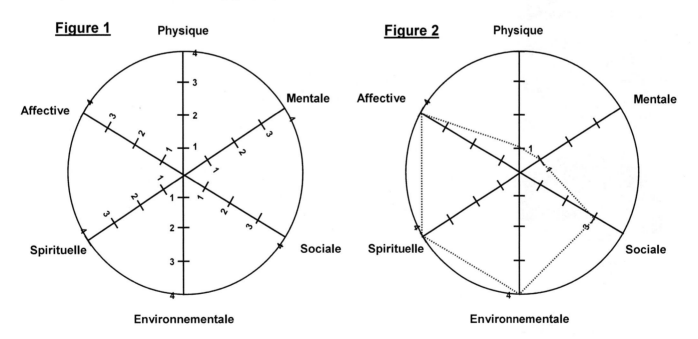

À quoi ressemble votre profil sur le diagramme ?

Comme un ballon, plus il est gonflé, plus votre vie est remplie d'énergie, d'optimisme et d'attentes. Comparez votre profil avec celui de la Figure 2. Chez cet individu, quelles dimensions de la santé nécessitent une amélioration ? Quels buts devrait se fixer cette personne afin d'améliorer sa santé ? Quels sont les obstacles qu'elle doit surmonter ?

ACTIVITÉ 2   Inventaire des ressources pour la santé

Citez quelques exemples d'organismes ou d'individus que vous pourriez contacter afin de recevoir des conseils sur les six dimensions de la santé mentionnées ci-dessous. Ensuite, identifiez de quelles manières vous pourriez aider les autres ou contribuer aux organismes qui offrent des services dans ces domaines.

Dimension de la santé	Personne	Organisme	Comment puis-je contribuer/aider ?
Santé physique			
Santé sociale			
Santé affective			
Santé environnementale			
Santé spirituelle			
Santé mentale			

ACTIVITÉ 3   Coup d'œil sur l'environnement

Est-ce que votre école, votre voisinage ou centre communautaire sont favorables aux activités ? Faites une entrevue avec cinq ou six personnes au sein d'un organisme qui offre des activités (YMCA, club d'entraînement, club de raquettes, patinoire municipale, piscine municipale, école) et préparez une synthèse de vos découvertes.

Voici, à titre indicatif, quelques questions que vous pourriez poser :

- Quels types d'activités offrez-vous ?

- Quelles sont vos stratégies pour rendre les activités physiques attrayantes à votre clientèle ?

- Comment les activités reflètent-elles la diversité de la communauté ?

- Comment vos programmes sont-ils conçus de sorte à inclure toute la communauté ?

- Comment, d'après-vous, vos activités répondent-elles aux besoins de la communauté ?

- D'après vous, quels sont les obstacles qui empêchent une vie active dans la communauté ?

- Comment songez-vous surmonter ces défis ?

- Comment les étudiants peuvent-ils aider à la promotion de l'activité physique dans la communauté ?

Inclure toute autre question que vous jugez pertinente.

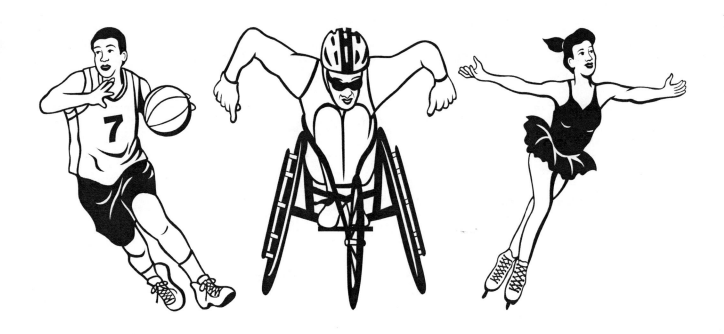

ACTIVITÉ 4   Sondage dans la communauté

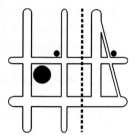

Faites une photocopie d'un plan de votre communauté (d'un rayon d'environ 5 km).

Énumérez les différents types de services et centres de loisirs dont vous profitez pour faire de l'activité physique dans votre communauté (par exemple, les parcs, les centres communautaires, etc.) et citez aussi les types d'activités offertes dans ces espaces. Ensuite, choisissez une couleur ou un symbole pour représenter chaque activité ou centre de loisirs cité et entrez-les dans la boîte à gauche de chaque item énuméré. Par exemple, on peut indiquer un parc par un cercle vert.

Symbole   Service/Centre de loisirs   **Activités/Exemples**

☐ _____   _____
☐ _____   _____
☐ _____   _____
☐ _____   _____
☐ _____   _____
☐ _____   _____
☐ _____   _____
☐

Une fois la légende complétée, localisez et indiquez chaque type de services et centres de loisirs sur le plan avec les symboles et couleurs appropriés.

Quels sont les obstacles qui empêchent la vie active dans votre communauté ?

_____   _____
_____   _____
_____   _____

Énumérez quelques solutions possibles aux obstacles cités ci-dessus.

_____   _____
_____   _____
_____   _____

ACTIVITÉ 5 Plus personnel

Invitez un petit groupe d'individus d'un groupe d'âge, culturel ou social particulier à participer à une session de discussion. Interrogez-les sur le type d'activités qu'ils aiment faire et demandez-leur pour quelles raisons ils aiment ces activités.

Voici quelques questions que vous pourriez poser :

- Quels sont vos sports ou activités préférés ?

- Pourquoi avez-vous choisi de participer à ces activités ?

- Qu'est-ce qui vous a attiré dans ces activités au départ ?

- Qu'est-ce que vous trouvez d'excitant et d'intéressant dans ces activités maintenant ?

- Quels conseils pourriez-vous donner aux jeunes pour les inciter à être actifs ?

Vous pouvez inclure toute autre question que vous jugez pertinente.

ACTIVITÉ 6   Pratiques de santé alternatives

Vous trouverez ci-dessous une liste de plusieurs pratiques de santé alternatives. Choisissez-en une dans cette liste ou fournissez-en une autre et résumez les recherches en cours sur le sujet. Pourquoi devrait-on s'intéresser à ce genre de pratiques ? Découvrez de quoi il s'agit, les origines, l'efficacité, les avantages/désavantages, les coûts, la disponibilité, etc. de ces pratiques. Soyez détaillé mais concis.

Exemples de pratiques de santé alternatives :

Thérapie par les arômes	Guérison spirituelle	Réflexologie	Iridologie
Thérapie par le toucher	Yoga	Pilates	Végétarianisme
Technique Alexander	Rolfing	Herbes médicinales	Méditation transcendantale

Autres suggestions :

Organisez une visite dans un magasin de produits de santé afin de faire une entrevue avec le gérant. Chercher à répondre aux questions suivantes :

- Quelle est la différence entre une alimentation saine et une alimentation normale ?

- Quelles sont les caractéristiques d'une alimentation saine ?

- Comment les perceptions sur la santé ont-elles changées ces dernières années ?

- Quelles sont les tendances récentes dans le domaine de l'alimentation saine ?

- Comment les facteurs tels que le coût et la disponibilité influent-ils sur les choix faits pour suivre une alimentation saine ?

ACTIVITÉ 7   L'humour comme médecine préventive

« *Le sens de l'humour est une excellente médecine préventive.* »

Faites une recherche sur les bienfaits de l'humour et développez un argument en faveur et/ou contre la citation ci-dessus. Effectuez votre recherche sur Internet ou à la bibliothèque afin de mieux comprendre la relation entre humour et santé. Affichez les résultats et présentez vos découvertes à votre classe de sorte à communiquer votre point de vue sur le sujet.

 Est-ce que jouer avec les expressions faciales peut modifier votre humeur ? Essayez cette simple expérience. Placez un crayon entre vos dents afin de ne fléchir que vos « muscles du sourire ». Remarquez-vous un changement dans votre humeur ?

 Souvenez-vous d'une occasion où vous avez tellement ri que vous en avez pleuré. Cette expérience a-t-elle eu un effet thérapeutique ?

Énumérez ce qui vous fait sourire, rire ou éclater de rire.

_____   _____   _____

_____   _____   _____

Citez les films que vous regarderiez si vous souhaitiez rire.

_____   _____   _____

_____   _____   _____

Faites un collage de ce qui vous fait rire (films, comédiens, incidents, gaffes, expressions faciales).

ACTIVITÉ 8 Sondage sur le stress de l'étudiant

Interviewez des étudiants dans votre école et votre communauté afin de déterminer jusqu'à quel point ils ressentent le stress, la source de leur stress et comment ils font pour le gérer. Votre échantillon devrait compter quatre à six personnes d'un même groupe d'âge avec une représentation égale de garçons et de filles.

Utilisez le tableau ci-dessous pour organiser vos données.

Personne interviewée	Ressentez-vous le stress souvent ?	Quelle est la cause du stress dans votre vie ?	Que faites-vous pour gérer le stress ?	En état de stress, avec qui communiqueriez-vous pour obtenir de l'aide ?
1	•	•	•
Sexe:	•	•	•
Age:	•	•	•
2	•	•	•
Sexe:	•	•	•
Age:	•	•	•
3	•	•	•
Sexe:	•	•	•
Age:	•	•	•
4	•	•	•
Sexe:	•	•	•
Age:	•	•	•
5	•	•	•
Sexe:	•	•	•
Age:	•	•	•
6	•	•	•
Sexe:	•	•	•
Age:	•	•	•

ACTIVITÉ 8 *Sondage sur le stress de l'étudiant (suite)*

Le sondage terminé, analysez les données attentivement puis répondez aux questions suivantes :

- En moyenne, combien de personnes interviewées étaient en état de stress ?

- Quelles étaient les similarités et les différences dans les causes de stress recensées ?

- Y avait-il une cause commune au stress éprouvé chez les différents interviewés ou est-ce que ces causes étaient individuelles ?

- Quelles stratégies ces individus ont-ils utilisées pour vaincre leur stress ?

- Vers qui se sont tournés ces individus lors de ces périodes de stress ?

- Existe-t-il une différence dans la manière dont les deux sexes ont géré leur stress ?

- Quelle influence, d'après vous, l'âge pourrait avoir sur les différents niveaux de stress ?

- Quelles autres différences ou similarités avez-vous remarquées dans les données recueillies ?

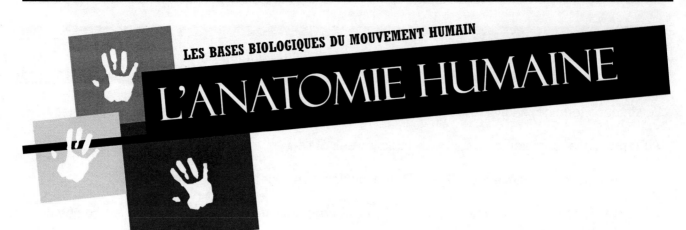

LES BASES BIOLOGIQUES DU MOUVEMENT HUMAIN

L'ANATOMIE HUMAINE

CHAPITRE DEUX   ACTIVITÉS ET TRAVAUX PRATIQUES

1   Familiarisation avec les termes d'orientation   *2–3*

2   Mouvements et plans anatomiques   *2–4*

3   Mouvements et types d'articulations   *2–5*

4   Les os du corps humain   *2–6*

5   Les muscles du corps humain dévoilés   *2–14*

ACTIVITÉ 1   Familiarisation avec les termes d'orientation

Voici une liste des termes d'orientation utilisés pour décrire les diverses parties du corps humain. Ces termes s'utilisent toujours quand la personne se tient dans la position anatomique. Avant de commencer l'exercice ci-dessous, définissez la position anatomique dans l'espace fourni.

Terme d'orientation	Exemples	
latéral	1	2
médial	1	2
antérieur	1	2
postérieur	1	2
supérieur	1	2
Inférieur	1	2
distal	1	2
proximal	1	2
ventral	1	2
dorsal	1	2

ACTIVITÉ 2   Mouvements et plans anatomiques

Pour localiser les mouvements du corps humain nous utilisons les trois plans anatomiques suivants : le plan *sagittal médian*, le plan *frontal* et le plan *transversal*. Ces trois plans sont aussi utilisés pour décrire les mouvements et les actions réalisés dans un plan parallèle à ces trois plans de référence. Par exemple, une roulade vers l'avant est considérée comme un mouvement exécuté dans le plan sagittal médian car l'action, vers l'avant, est parallèle au plan sagittal médian.

Identifiez les plans anatomiques illustrés ci-dessous. Ensuite, dans le tableau qui suit, donnez deux exemples de mouvements exécutés dans chacun des plans anatomiques.

Plan 3 : _____

Plan 2 : _____

Plan 1 : _____

Un autre nom pour le **plan 2** est le plan _____.

Un autre nom pour le **plan 3** est le plan _____.

Plan anatomique	Exemples de mouvements	
Frontal	1	2
Sagittal médian	1	2
Transversal	1	2

ACTIVITÉ 3 Mouvements et types d'articulations

(a) Les types d'articulations

Les cinq différents types d'articulations, selon leur forme, sont illustrés ci-dessous. Identifiez chacune des articulations et donnez un exemple de ce type d'articulation présente dans le corps humain.

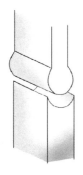  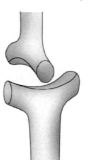  

_____ _____ _____ _____ _____

_____ _____ _____ _____ _____

(b) Mouvements articulaires

Les mouvements autour d'une articulation peuvent être exécutés autour d'un (ou plus) des trois axes. La majorité des mouvements travaillent par pairs en opposition ; pour chaque mouvement il y a généralement un mouvement opposé (flexion – extension, par exemple).

Complétez le tableau ci-dessous et indiquez deux mouvements pour chaque mouvement articulaire. Par la suite, pratiquez ces mouvements avec un partenaire.

Mouvement articulaire	Exemples de mouvements	
flexion–extension	1	2
abduction–adduction	1	2
pronation–supination	1	2
inversion–éversion	1	2
circumduction	1	2
rotation	1	2

ACTIVITÉ 4   Les os du corps humain

(a) Vue antérieure du squelette humain

Identifiez les os ci-dessous. Ensuite, colorez le squelette axial avec une couleur de votre choix.

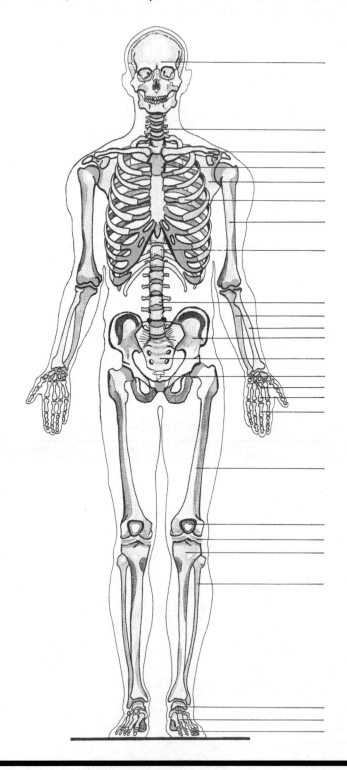

ACTIVITÉ 4   *Les os du corps humain (suite)*

(b) Vue postérieure du squelette humain

Identifiez les os ci-dessous. Ensuite, colorez le squelette appendiculaire avec une couleur de votre choix.

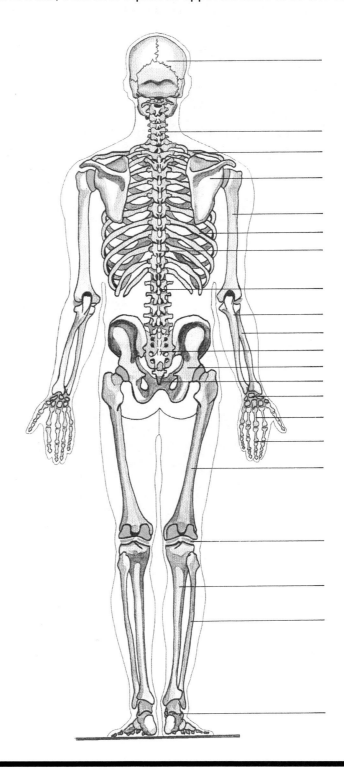

ACTIVITÉ 4   *Les os du corps humain (suite)*

(c) Vue frontale et latérale du crâne

En utilisant les termes donnés sur la gauche, remplissez les blancs avec les numéros appropriés sur la figure de droite. Les numéros peuvent être utilisés plusieurs fois.

1 os frontal

2 mandibule

3 maxillaire

4 os occipital

5 os pariétal

6 os sphénoïde

7 os temporal

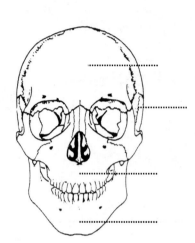
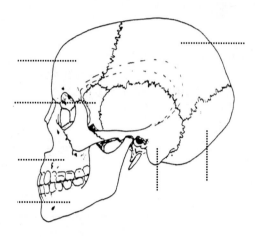

(d) Vue antérieure de la cage thoracique

En utilisant les termes donnés sur la gauche, remplissez les blancs avec les numéros appropriés sur la figure de droite.

1 clavicule

2 cartilage costal

3 fausses côtes

4 côtes flottantes

5 manubrium

6 scapula/omoplate

7 corps du sternum

8 vraies côtes

9 processus xiphoïde

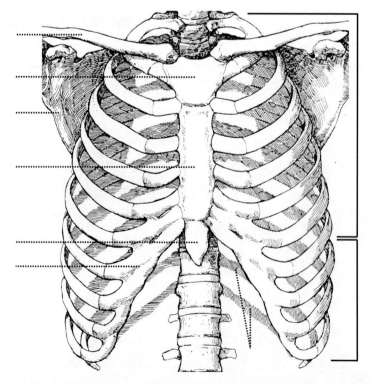

ACTIVITÉ 4   *Les os du corps humain (suite)*

(e) Vue latérale de la colonne vertébrale

Dans les espaces fournis, écrivez les segments de la colonne vertébrale indiqués sur la figure de droite.

1 _____

2 _____

3 _____

4 _____

5 _____

6 _____

7 _____

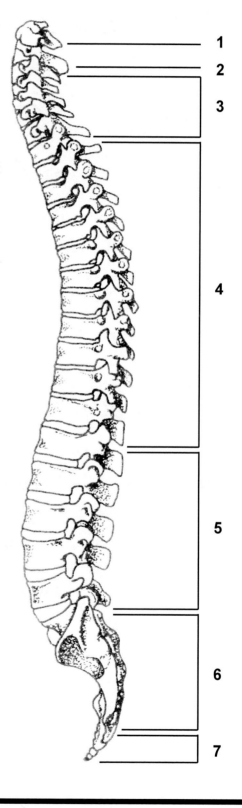

Encerclez la réponse appropriée qui correspond à la classification des os (selon la forme) de la colonne vertébrale.

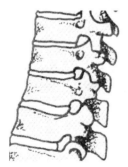

(a) Long

(b) Court

(c) Plat

(d) Sésamoïde

(e) Irrégulier

Donnez un exemple pour chacun des quatre autres types d'os non encerclés ci-dessus.

_____ , e.g., _____

_____ , e.g., _____

_____ , e.g., _____

_____ , e.g., _____

ACTIVITÉ 4   *Les os du corps humain (suite)*

(f) Vue dorsale de la main gauche

Identifiez les os ci-dessous. Ensuite, colorez les phalanges avec la couleur de votre choix.

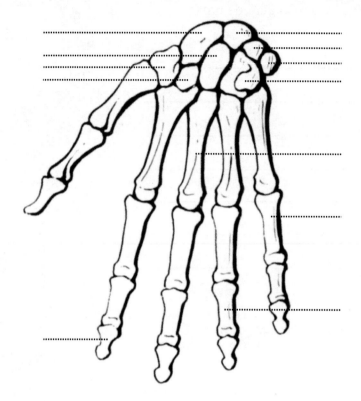

(g) Vue latérale du pied droit

Identifiez les os ci-dessous. Ensuite, colorez les métatarses avec la couleur de votre choix.

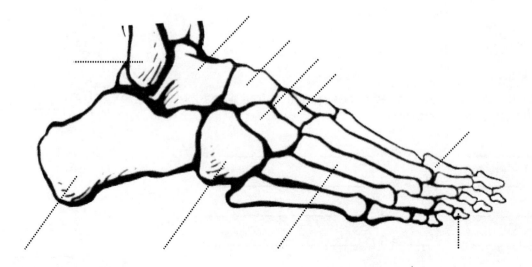

ACTIVITÉ 4 *Les os du corps humain (suite)*

(h) Vue antérieure de la ceinture scapulaire droite

Complétez le diagramme ci-dessous en utilisant les termes (et numéros) donnés sur la gauche, seulement une fois.

1 Acromion

2 Articulation acromio-claviculaire

3 Clavicule

4 Articulation gléno-humérale

5 Grand tubercule

6 Humérus

7 Petit tubercule

8 Scapula/Omoplate

9 Articulation sterno-claviculaire

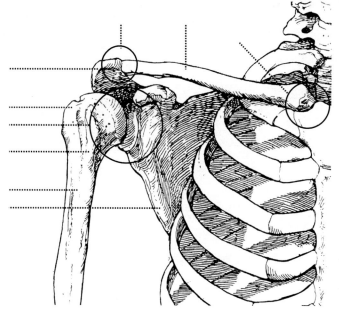

(i) L'articulation du coude

Dans les espaces fournis, nommez les composantes de l'articulation du coude indiquées sur les figures ci-dessous.

1 _____

2 _____

3 _____

4 _____

5 _____

6 _____

7 _____

8 _____

9 _____

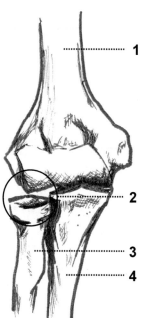

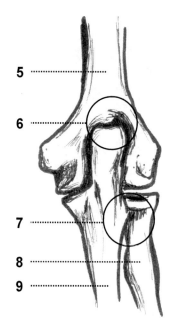

ACTIVITÉ 4   *Les os du corps humain (suite)*

(j) Vue antérieure de la ceinture pelvienne

Identifiez les os de la ceinture pelvienne. Encerclez les articulations sacro-iliaque et de la hanche (coxo-fémorale).

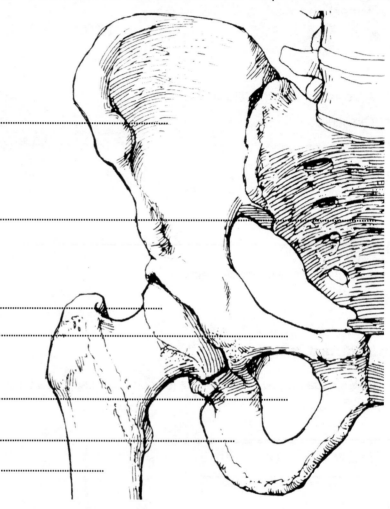

Les articulations _____ sont les plus mobiles de toutes les articulations. L'articulation de la hanche en est un exemple.

Énumérez les différents types de mouvements qui peuvent être exécutés au niveau de la hanche.

_____   _____

_____   _____

_____   _____

ACTIVITÉ 4   *Les os du corps humain (suite)*

(k) Vue antérieure du genou droit

Indiquez sur le diagramme ci-dessous les structures suivantes :

fémur	ligament patellaire	ménisque latéral
fibula/péroné	ligaments croisés antérieurs	ménisque médial
ligament collatéral fibulaire	ligaments croisés postérieurs	tibia
ligament collatéral tibial		

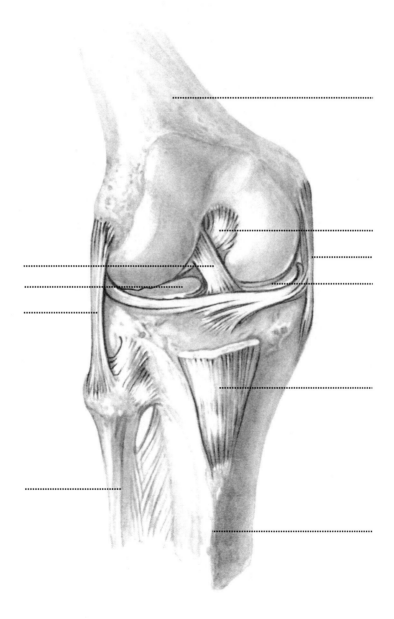

ACTIVITÉ 5   Les muscles du corps humain dévoilés

(a) Muscles antérieurs du corps humain

Identifiez les muscles ci-dessous. Ensuite, colorez les muscles du groupe des quadriceps avec la couleur de votre choix.

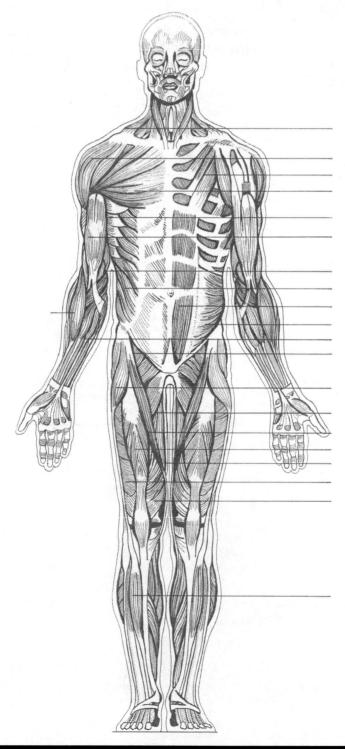

ACTIVITÉ 5 *Les muscles du corps humain dévoilés (suite)*

(b) Muscles postérieurs du corps humain

Identifiez les muscles ci-dessous. Ensuite, colorez les muscles du groupe des ischio-jambiers avec la couleur de votre choix.

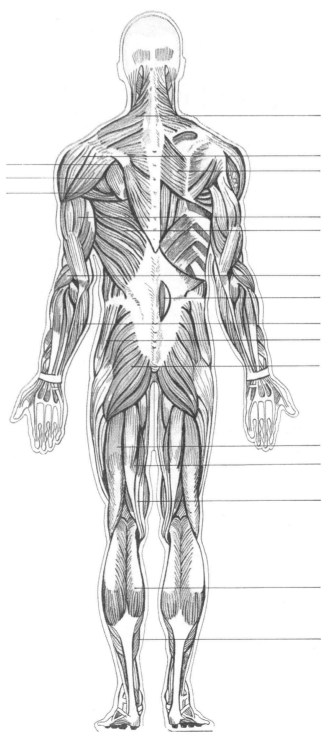

ACTIVITÉ 5   *Les muscles du corps humain dévoilés (suite)*

(c) Muscles antérieurs de la ceinture scapulaire

Identifiez les muscles de la ceinture scapulaire, face antérieure. Quel muscle est situé au plan le plus *superficiel* ?

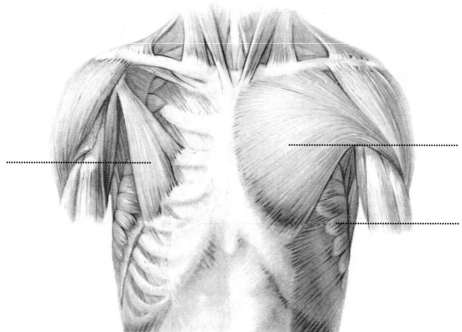

(d) Muscles postérieurs de la ceinture scapulaire

Remplissez les espaces blancs donnés avec les muscles de la ceinture scapulaire, face postérieure.

1 _____

2 _____

3 _____

4 _____

5 _____

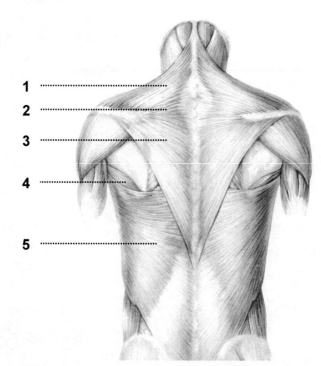

ACTIVITÉ 5 *Les muscles du corps humain dévoilés (suite)*

(e) Muscles antérieurs, postérieurs et latéraux de la région scapulo-humérale

Identifiez les muscles désignés ci-dessous. Quelles actions ces muscles peuvent-ils exécuter ?

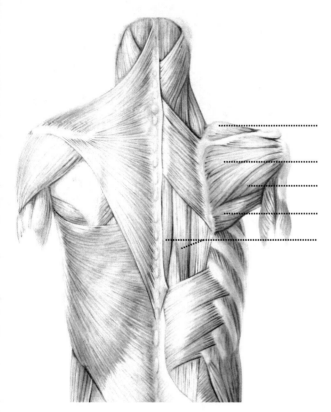

Vue postérieure

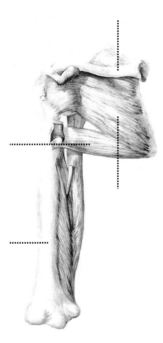

Vue antérieure

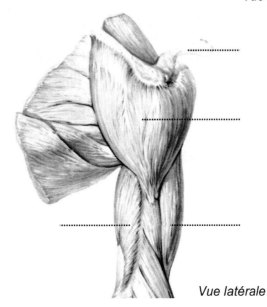

Vue latérale

ACTIVITÉ 5   *Les muscles du corps humain dévoilés (suite)*

(f) Muscles antérieurs et postérieurs du bras

Complétez les figures ci-dessous en utilisant les termes donnés sur la gauche.

1 Biceps

2 Brachial

3 Brachio-radial

4 Triceps

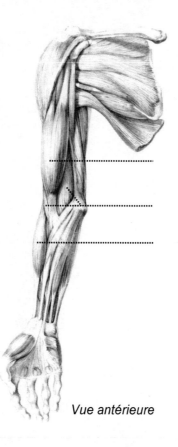

Vue antérieure

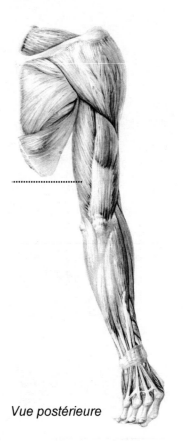

Vue postérieure

La figure sur la droite illustre une traction à la barre fixe. Cet exercice est utilisé pour augmenter la force des muscles des bras. Énumérez, ci-dessous, d'autres exercices utilisés afin de développer les muscles du bras et spécifiez le groupe de muscles (fléchisseurs ou extenseurs, par exemple) utilisés lors du mouvement.

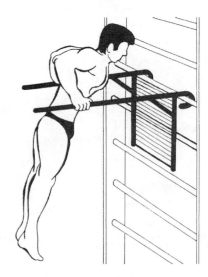

<u>Exercices</u> :

■ p. ex. tractions à la barre fixe ⟶ extenseurs

■

■

■

ACTIVITÉ 5   *Les muscles du corps humain dévoilés (suite)*

(g) Muscles postérieurs de la ceinture pelvienne

Identifiez les muscles sur le premier diagramme de gauche. Ensuite classez chaque muscle (de 1 à 3) en commençant avec le muscle au plan le plus superficiel (notez que, sur la figure de gauche, un de ces muscles ne peut pas être identifié).

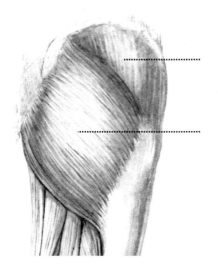

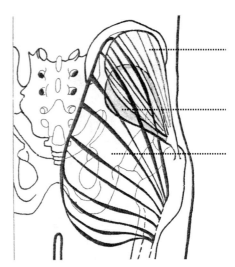

(h) Muscles de la loge médiane de la cuisse

Remplissez les blancs et légendez la figure avec le nom des muscles qui correspondent à la loge médiane de la cuisse.

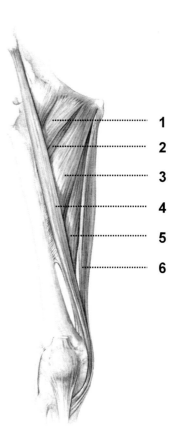

1 _____   1

2 _____   2

                             3

3 _____   4

                             5

4 _____

                             6

5 _____

6 _____

ACTIVITÉ 5   *Les muscles du corps humain dévoilés (suite)*

(i) Muscles de la loge antérieure de la cuisse

Identifiez les quatre muscles ci-dessous. Ensuite, avec une couleur de votre choix, colorez le muscle médial de chaque jambe.

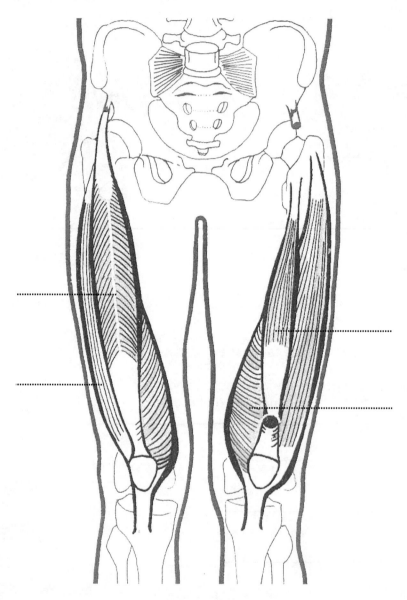

Les muscles antérieurs de la cuisse sont appelés les _____.

Quel type de mouvement exécutent ces muscles ? Donnez quelques exemples d'exercices qui peuvent être utiles pour développer ces muscles.

_____

_____

ACTIVITÉ 5 *Les muscles du corps humain dévoilés (suite)*

(j) Muscles de la loge postérieure de la cuisse

Identifiez les muscles ci-dessous et remplissez les blancs correspondants. Ensuite, colorez les muscles qui possèdent deux têtes.

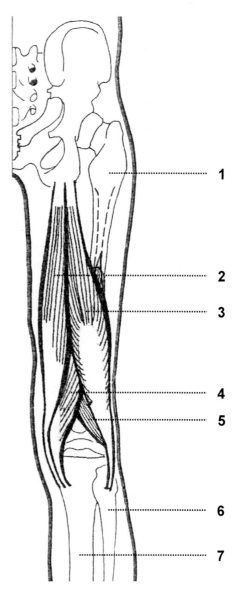

1 _____

2 _____

3 _____

4 _____

5 _____

6 _____

7 _____

Les muscles postérieurs de la cuisse sont appelés les

_____ .

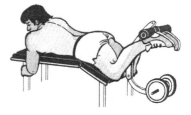

Quel type de mouvement exécutent ces muscles ? Donnez quelques exemples d'exercices qui peuvent être utiles pour développer ces muscles.

ACTIVITÉ 5   *Les muscles du corps humain dévoilés (suite)*

(k) Muscles de la jambe inférieure

Remplissez les blancs correspondant aux muscles suivants :

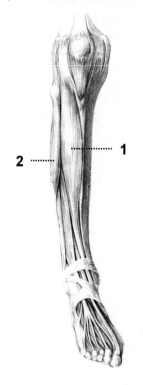
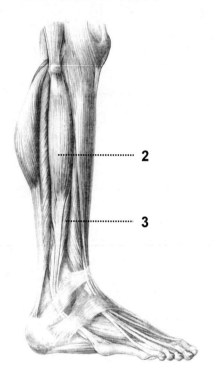
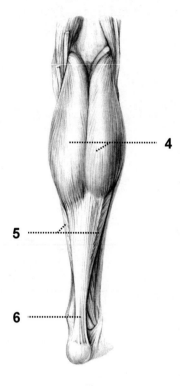

Loge antérieure   *Loge latérale*   *Loge postérieure*

1 _____   4 _____

2 _____   5 _____

3 _____   6 _____

Quels muscles de la liste ci-dessus utilisez-vous pour :

(a) vous tenir sur la pointe des pieds ?   (a) _____

(b) faire une éversion du pied ?   (b) _____

(c) faire une dorsiflexion du pied?   (c) _____

ACTIVITÉ 5 *Les muscles du corps humain dévoilés (suite)*

(I) Muscles de l'abdomen

Complétez les diagrammes ci-dessous en utilisant les termes (et numéros) seulement une fois.

1 Oblique externe **3** Ligne blanche **5** Rectus abdominis **7** Transverse de l'abdomen

2 Oblique interne **4** Droit de l'abdomen **6** Intersections tendineuses **8** Nombril

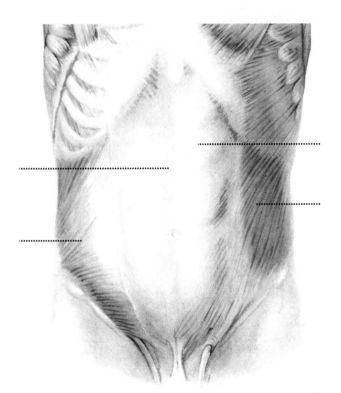

Muscles du plan superficiel

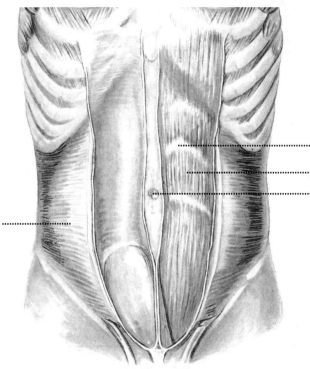

Muscles du plan profond

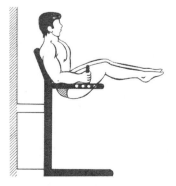

Énumérez certains exercices que vous pouvez exécuter afin de développer les muscles abdominaux.

-
-
-
-

Quel groupe de muscles utilisez-vous pour vous pencher latéralement et pour faire la rotation du tronc ?

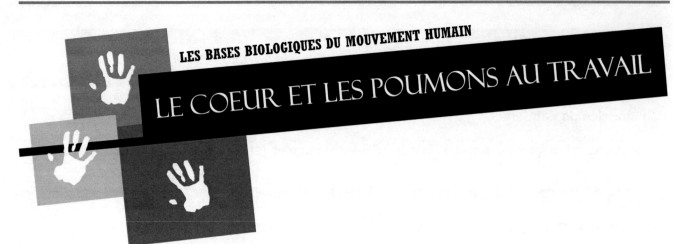

LES BASES BIOLOGIQUES DU MOUVEMENT HUMAIN

LE COEUR ET LES POUMONS AU TRAVAIL

CHAPITRE TROIS   ACTIVITÉS ET TRAVAUX PRATIQUES

1   Se rendre au coeur de la matière   *3–3*

2   À chaque respiration   *3–4*

3   La circulation systémique   *3–5*

4   La zone cardiaque d'entraînement   *3–6*

5   Le test de la marche   *3–9*

6   Le test de la capacité aérobique   *3–11*

7   Le test du volume pulmonaire   *3–13*

ACTIVITÉ 1   Se rendre au coeur de la matière

Dans les espaces fournis, étiquetez les composantes du coeur indiquées sur la figure ci-dessous.

1 _____   5 _____

2 _____   6 _____

3 _____   7 _____

4 _____   8 _____

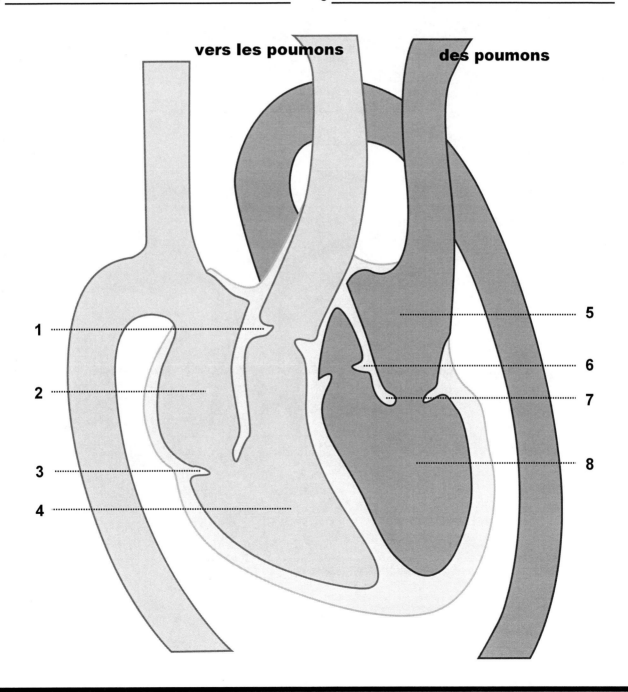

ACTIVITÉ 2   À chaque respiration

Étiquetez les dix unités indiquées sur la figure ci-dessous. Où a lieu l'échange de gaz entre l'air et le sang ?

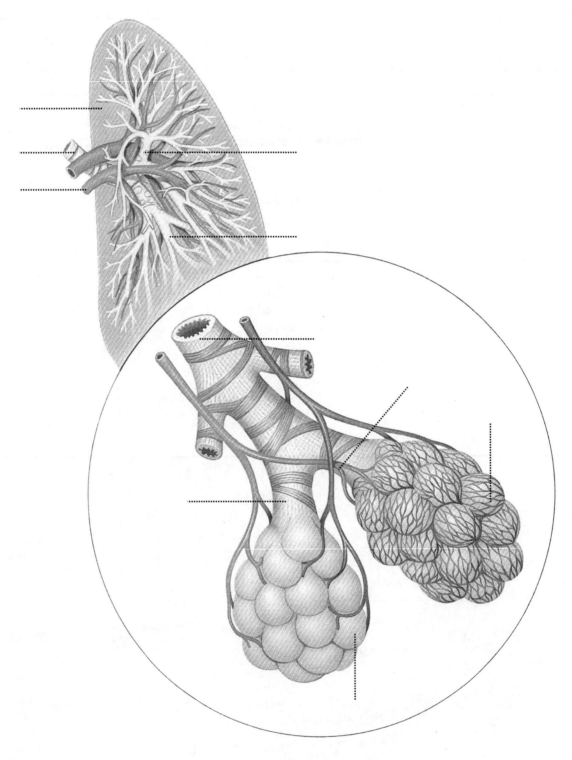

ACTIVITÉ 3   La circulation systémique

Le diagramme ci-dessous est une représentation schématique du système circulatoire dans le corps humain. À l'aide de flèches, indiquez la direction du flux sanguin dans le corps en commençant à l'oreillette droite du coeur. Utilisez des flèches rouges pour indiquer le sang oxygéné et des flèches bleues pour indiquer le sang désoxygéné. Ensuite, complétez le diagramme en utilisant les mots ci-dessous. Chaque mot est utilisé seulement une fois.

aorte	aorte descendante	artère pulmonaire	veine cave supérieure
artères	veine cave inférieure	veine pulmonaire	veines

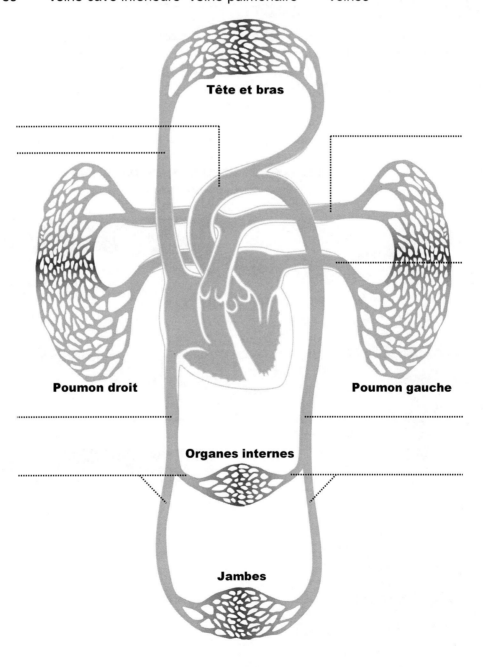

ACTIVITÉ 4   La zone cardiaque d'entraînement

(a) Mesurer son rythme cardiaque au repos

Cet exercice est conçu pour vous aider à déterminer de façon précise votre rythme cardiaque au repos. (RCR)

Le rythme cardiaque est facilement mesuré à différents points du corps humain. Les deux endroits les plus communs et les plus fiables pour mesurer le rythme cardiaque sont : l'artère carotide située au niveau du cou (le creux sur les 2 côtés de la pomme d'Adam, figure 3.1) et l'artère radiale au niveau du poignet (côté du tendon fléchisseur du pouce, figure 3.2 a-b).

Le nombre de battements par minute donne une indication précise du rythme cardiaque en battements par minute (bpm). Vous pouvez également déterminer votre rythme cardiaque en battements par minute en multipliant par dix un comptage de 6 secondes (ajouter tout simplement un zéro), en multipliant un comptage de 10 secondes par 6, en multipliant un comptage de 15 secondes par 4 ou en multipliant un comptage de 30 secondes par 2.

Entraînez-vous à prendre votre pouls carotide et radial en utilisant l'index et le majeur. Entraînez-vous également à prendre le pouls de quelqu'un d'autre. N'utilisez pas le pouce pour prendre le pouls. Bien qu'un vrai rythme cardiaque au repos ne devrait être pris seulement qu'immédiatement après le réveil, cette mesure devrait vous donner une valeur relativement exacte.

Figure 3.1 *La prise du pouls carotide.*

Pouls carotide (Moi)		Rythme cardiaque au repos (bpm)
	6 secondes x 10	
	10 secondes x 6	
	15 secondes x 4	
	30 secondes x 2	

Pouls carotide (Partenaire)		Rythme cardiaque au repos (bpm)
	6 secondes x 10	
	10 secondes x 6	
	15 secondes x 4	
	30 secondes x 2	

ACTIVITÉ 4   *La zone cardiaque d'entraînement (suite)*

Pouls radial (Moi)		Rythme cardiaque au repos (bpm)
	6 secondes x 10	
	10 secondes x 6	
	15 secondes x 4	
	30 secondes x 2	

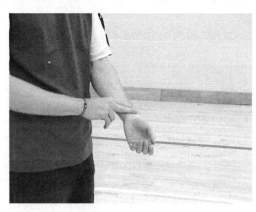

Figure 3.2a La prise du pouls radial.

Pouls radial (Partenaire)		Rythme cardiaque au repos (bpm)
	6 secondes x 10	
	10 secondes x 6	
	15 secondes x 4	
	30 secondes x 2	

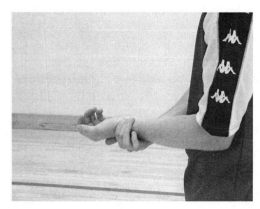

Figure 3.2b La prise du pouls radial.

(b) Calculer son rythme cardiaque lors de l'exercice

Cet exercice sert à mesurer le battement cardiaque lors de l'exercice. Exécutez les exercices suivants : (1) 10 pompes à une vitesse rapide ; (2) 20 accroupissements à une vitesse rapide ; et (3) une course de 400 m à une vitesse vive. Pour chaque exercice déterminez votre rythme cardiaque (bpm) en prenant votre pouls, pendant 10 secondes, immédiatement après chaque exercice. Notez vos résultats dans le tableau ci-dessous. Accordez-vous suffisamment de repos entre chaque exercice (p.ex. : votre RCR devrait revenir à une vitesse normale, tel que déterminé ci-dessus).

Exercice	Pouls (10 sec.)		Rythme cardiaque lors de l'exercice (bpm)
10 pompes		x 6	
20 accroupissements		x 6	
course (400 m)		x 6	

ACTIVITÉ 4 *La zone cardiaque d'entraînement (suite)*

(c) Calculer son rythme cardiaque maximal

Déterminer le rythme cardiaque maximal (RCM) en laboratoire nécessite, chez un individu, un entraînement maximal et un contrôle du rythme cardiaque à l'aide d'un électrocardiogramme ; ce qui n'est pas à la portée de tout individu. Cependant, chez les hommes et chez les femmes, une estimation approximative du RCM donne environ 220 battements par minute. Parce que le rythme cardiaque varie en fonction de l'âge d'un individu (le RCM diminue avec l'âge), un RCM se calcule selon la formule suivante :

RCM = 220 bpm   -   _____   =   _____ bpm

(votre âge en années)

(d) Déterminer le rythme cardiaque idéal à l'entraînement

Afin de développer un rythme cardio-vasculaire adéquat, vous devez vous entraîner à un rythme qui élève la fréquence cardiaque au moins de 50 % au-delà de son rythme normal. En d'autres mots, il est nécessaire de maintenir une fréquence cardiaque à des rythmes d'entraînement de 50 % et 85 % pour améliorer son système cardio-vasculaire.

Utilisez les équations suivantes pour calculer votre rythme cardiaque idéal à un entraînement de 50 %, 70 % et 80 % ; un éventail de rythmes à maintenir pendant l'exercice aérobique.

50% (RCIE)   =   _____ + 0.50 [_____ - _____] = _____ bpm
(RCR)   RCM   RCR

70% (RCIE)   =   _____ + 0.70 [_____ - _____] = _____ bpm
(RCR)   RCM   RCR

85% (RCIE)   =   _____ + 0.85 [_____ - _____] = _____ bpm
(RCR)   RCM   RCR

- Mon **rythme cardiaque au repos** _____

- Mon **rythme cardiaque maximal** _____

- Mes **rythmes cardiaques minimal et maximal idéaux à l'entraînement**

Min : _____

Max : _____

ACTIVITÉ 5　Le test de la marche

Le test de la marche

Objectif : Ce test mesure le niveau cardio-vasculaire d'un individu en se basant sur le rythme cardiaque de ce dernier après une épreuve normalisée de marche sur une durée de 3 minutes. Ce test utilise les charges sous-maximales afin d'estimer le niveau de $\dot{V}O_2$ maximal avec une précision raisonnable en appliquant des équations de prédiction aux résultats du test de la marche.

Équipement nécessaire : des marches, telles qu'utilisées en danse aérobique ou un banc (hauteur de 40 cm)
　　　　　　　　　　　un chronomètre
　　　　　　　　　　　un métronome

Exercices préparatoires : Le participant devra réaliser quelques étirements légers avant le test. Placer le métronome devant le participant et le régler au rythme de 96 battements par minute pour les hommes et 88 battements par minute pour les femmes. Les hommes effectueront 24 mouvements et les femmes 22 mouvements par minute. Un cycle régulier comprend quatre mouvements (montée-montée-descente-descente). Le participant peut pratiquer le mouvement avant le test (figure 3.3).

Conseil : Les individus qui présentent un problème médical ne devraient pas participer à cette activité. Les personnes obèses ou atteintes de problèmes articulaires sont exemptées de ce test également.

Marche à suivre : Débuter l'épreuve et exécuter les mouvements pendant trois minutes tout en gardant le rythme approprié.

Résultats :

Rythme cardiaque pendant 15 secondes : _____ × 4 = _____ bpm

La consommation maximale d'oxygène ($\dot{V}O_2$max) peut être calculée selon l'équation suivante :

HOMMES : **$\dot{V}O_2$max** = 111,33 - (0,42 × rythme cardiaque)

FEMMES : **$\dot{V}O_2$max** = 65,81 - (0,1847 × rythme cardiaque)

Mon **$\dot{V}O_2$max** = _____ ml/kg/min

Exemple : Suite à l'épreuve, nous observons chez une participante un rythme cardiaque de 43 bpm pour une durée de 15 secondes. Selon l'équation ci-dessus, le VO_2 max peut être calculé comme suit :

　　　rythme cardiaque = 43 battements

　　　rythme cardiaque par minute = 43 × 4 = 172 bpm

　　　$\dot{V}O_2$max = 65,81 - (0,1847 × 172) = 34,04 ml/kg/min

Figure 3.3 *Le test de la marche.*

ACTIVITÉ 5   *Le test de la marche (suite)*

Les valeurs maximales de consommation d'oxygène, calculées selon le rythme cardiaque, peuvent également être calculées d'après le tableau 3.1 ci-dessous.

Ma valeur de $\dot{V}O_2$**maximale** est _____ ml/kg/min

TABLEAU 3.1   Estimations des valeurs maximales de consommation d'oxygène ($\dot{V}O_2$max) pour le test de la marche (ml/kg/min)

Rythme cardiaque (15 s)	Rythme cardiaque (bpm)	$\dot{V}O_2$max (hommes)	$\dot{V}O_2$max (Femmes)
30	120	60,9	43,6
31	124	59,3	42,9
32	128	57,6	42,2
33	132	55,9	41,4
34	136	54,2	40,7
35	140	52,5	40,0
36	144	50,9	39,2
37	148	49,2	38,5
38	152	47,5	37,7
39	156	45,8	37,0
40	160	44,1	36,3
41	164	42,5	35,5
42	168	40,8	34,8
43	172	39,1	34,0
44	176	37,4	33,3
45	180	35,7	32,6
46	184	34,1	31,8
47	188	32,4	31,1
48	192	30,7	30,3
49	196	29,0	29,6
50	200	27,3	28,9

■ Est-ce que les deux valeurs de $\dot{V}O_2$max, calculées selon les deux approches mentionnées ci-dessus, sont comparables ?

■ Discutez des avantages et des inconvénients de se servir de la charge sous-maximale afin de prédire le $\dot{V}O_2$max.

ACTIVITÉ 6   Le test de la capacité aérobique

La course de 2,4 km

<u>Objectif</u> : Déterminer l'endurance cardio-vasculaire ou capacité aérobique d'un individu en calculant le montant maximal de consommation d'oxygène que le corps puisse consommer par minute lors d'une activité physique. Pour la course de 2,4 km nous estimons le $\dot{V}O_2$ max en se basant sur le temps mis par un individu pour parcourir une distance de 2,4 km.

<u>Équipement</u> : chronomètre
une piste de 400 m ou un trajet de 2,4 km

<u>Marche à suivre</u> : Le participant devrait s'étirer et s'échauffer avant de commencer l'épreuve. Il peut marcher ou faire du jogging pendant quelques minutes avant de passer à l'épreuve. L'épreuve terminée, il doit continuer à marcher ou à faire du jogging pendant encore 5 minutes afin de se refroidir.

<u>*Conseil*</u> : L'individu doit répondre aux exigences de cette épreuve. Cette épreuve est considérée en effet comme une épreuve d'exercice maximal (l'objectif est de parcourir la distance entière le plus rapidement possible) et de ce fait est réservée aux individus qui sont qualifiés pour la faire. Cette épreuve n'est pas recommandée pour les individus atteints de maladies ou qui souffrent de troubles coronaires.

Si des symptômes inhabituels apparaissent lors de l'épreuve, il faut arrêter et reprendre l'épreuve six semaines plus tard après avoir suivi un programme d'entraînement approprié.

<u>Résultats</u> :

Il faut se chronométrer aussi précisément que possible. Le temps peut être chronométré par un partenaire. Souvenez-vous que l'objectif est de parcourir la distance entière dans le moins de temps possible.

La durée : _____ min : sec

Mon **niveau de santé cardio-vasculaire** : _____

<u>Exemple</u> : Un participant âgé de 18 ans parcourt le trajet de 2,4 km en 10 minutes. Le tableau 3.2 indique une consommation maximale d'oxygène de 51,1 ml/kg/min. D'après le tableau 3.3, sa performance le situe dans la catégorie de santé cardiovasculaire au-dessus de la moyenne.

ACTIVITÉ 6   *Le test de la capacité aérobique (suite)*

TABLEAU 3.2   Consommation maximale d'oxygène ($\dot{V}O_2$ max) en ml/kg/min pour la course de 2,4 km.

Durée	$\dot{V}O_2$max	Durée	$\dot{V}O_2$max
6:30	77,9	10:50	47,4
6:40	76,7	11:00	46,6
6:50	75,5	11:10	45,8
7:00	74,0	11:20	45,1
7:10	72,6	11:30	44,4
7:20	71,3	11:40	43,7
7:30	69,9	11:50	43,2
7:40	68,3	12:00	42,3
7:50	66,8	12:10	41,7
8:00	65,2	12:20	41,0
8:10	63,9	12:30	40,4
8:20	62,5	12:40	39,8
8:30	61,2	12:50	39,2
8:40	60,2	13:00	38,6
8:50	59,1	13:10	38,1
9:00	58,1	13:20	37,8
9:10	56,9	13:30	37,2
9:20	55,9	13:40	36,8
9:30	54,7	13:50	36,3
9:40	53,5	14:00	35,9
9:50	52,3	14:10	35,5
10:00	51,1	14:20	35,1
10:10	50,4	14:30	34,7
10:20	49,5	14:40	34,3
10:30	48,6	14:50	34,0
10:40	48,0	15:00	33,6

TABLEAU 3.3   Niveau de santé cardio-vasculaire pour les jeunes adultes calculé selon le $\dot{V}O_2$ max (ml/kg/min).

Sexe	Niveau de santé cardio-vasculaire				
	Besoin d'amélioration	Inférieur à la moyenne	Moyen	Supérieur à la moyenne	Excellent
Hommes	≤ 24,9	25 - 33,9	34 - 43,9	44 - 52,9	≥ 53
Femmes	≤ 23,9	24 - 30,9	31 - 38,9	39 - 48,9	≥ 49

ACTIVITÉ 7   Le test du volume pulmonaire

Le test du volume pulmonaire

<u>Objectif</u> : Déterminer le volume fonctionnel des poumons. Ce test est moins précis que celui exécuté en laboratoire mais fournit tout de même des résultats utiles.

<u>Équipement</u> : sac en plastique (min 8 L)
tasse à mesurer de 1 L
entonnoir

<u>Marche à suivre</u> : Le sac en plastique doit être vide avant de commencer le test. Former un tube à la partie supérieure du sac afin de former une ouverture qui sera placée sur la bouche du participant. Prendre une respiration profonde et expirer complètement dans le sac (figure 3.4a). Ensuite, tourner le haut du sac rapidement afin de le fermer, capturant ainsi l'air à l'intérieur. En tenant le sac d'une main, enfoncer un entonnoir dans le sac au niveau de la main repliée sur le sac (figure 3.4b). Finalement, verser de l'eau à l'aide de la tasse à mesurer en tenant compte du volume (en L) jusqu'à ce que l'eau atteigne le même niveau d'air qui s'y trouvait.

<u>Résultats</u> :

Le volume pulmonaire est mesuré au demi-litre près.

Mon **volume pulmonaire** : _____ L

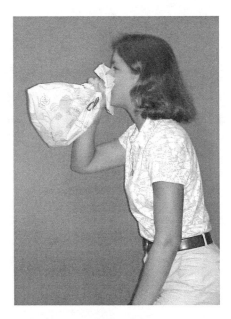

Figure 3.4a *Expirer complètement dans le sac.*

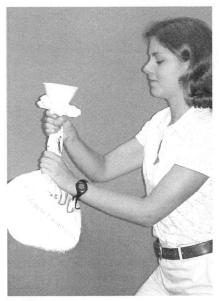

Figure 3.4b *Fermer le sac.*

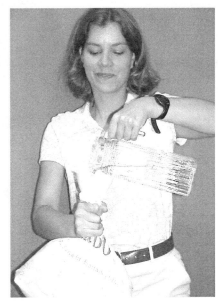

Figure 3.4c *Verser l'eau dans le sac.*

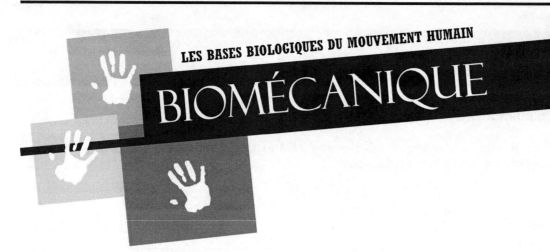

LES BASES BIOLOGIQUES DU MOUVEMENT HUMAIN

BIOMÉCANIQUE

CHAPITRE QUATRE   ACTIVITÉS ET TRAVAUX PRATIQUES

1 Introduction à la biomécanique   *4–3*

2 Masse et inertie   *4–4*

3 Force et accélération   *4–5*

4 Impulsion et impact   *4–6*

5 Projectile en mouvement   *4–7*

6 Dynamique des fluides   *4–8*

7 Équilibre et stabilité   *4–9*

8 Qu'avez-vous appris ?   *4–10*

ACTIVITÉ 1 Introduction à la biomécanique

(a) Définition

Que signifie la biomécanique pour vous ? À quels types de questions la biomécanique nous aide-t-elle à répondre ? Sans consulter votre livre de cours, donnez votre propre définition de la biomécanique.

_____

_____

_____

_____

Après avoir terminé cette section, redéfinissez la biomécanique avec vos propres mots. Notez de quelle façon votre définition a changé.

(b) Les domaines contribuant à la science de la biomécanique

Plusieurs disciplines scientifiques contribuent à l'élaboration de la science de la biomécanique. Afin de mieux comprendre et d'utiliser efficacement la biomécanique, certaines connaissances de l'anatomie et de la physique doivent être acquises. Faites une liste des autres domaines qui pourront aider le biomécanicien à comprendre le mouvement humain.

_____   _____

_____   _____

_____   _____

(c) Recherche personnelle

Faites une liste des problèmes ou des questions concernant votre sport ou une autre activité que la recherche en biomécanique pourrait résoudre.

_____

_____

_____

_____

ACTIVITÉ 2   Masse et inertie

(a) La première loi de Newton

Définissez la première loi de Newton et donnez un exemple qui illustre cette loi dans un sport ou une activité de votre choix :

_____

_____

Exemple: _____

(b) Inertie et moment d'inertie

L'inertie est la résistance d'un corps à modifier son état de mouvement. Le *moment d'inertie* (I) est la mesure de l'inertie d'un corps face au mouvement angulaire.

I = masse x distribution de la masse autour de l'axe de rotation

Pour chacun des prochains exemples, identifier

- l'objet en rotation ;
- la grandeur relative du moment d'inertie ; et
- les forces externes pouvant modifier l'état de mouvement de l'objet.

Exemple	Objet en rotation	Grandeur relative du moment d'inertie	Forces externes modifiant l'état de mouvement
(a) Ouvrir une porte			
(b) Aider un enfant lors de l'exécution d'une roulade avant			
(c) Une hélice d'avion			
(d) Saut périlleux			
(e) Plongeon avec vrille			
(f) Membres inférieurs lors d'une course			

ACTIVITÉ 3 Force et accélération

(a) La deuxième loi de Newton

Définissez la deuxième loi de Newton et donnez un exemple qui illustre cette loi dans un sport ou une activité de votre choix :

_____

_____

Exemple: _____

(b) Accélération due à la gravité

La gravité est une force d'attraction entre deux corps qui, à tout endroit sur la Terre, garde une valeur relativement constante. Nous attirons la Terre de la même manière que la Terre nous attire. Comme la masse de la Terre est bien supérieure à la nôtre, lorsque nous sommes dans les airs, nous avons la sensation d'une accélération vers le sol (vers le centre de la Terre) tandis que la Terre semble rester stationnaire. Étant donné que la force d'attraction est relativement constante, tout comme les masses impliquées, l'accélération perçue est aussi constante. L'accélération constante due à la gravité est représentée par le symbole **g** et a une valeur générale de **9.8 m/s^2**.

Le rayon de la Terre varie entre les régions équatoriales (6378 km) et les régions polaires (6357 km) avec une distance moyenne de 6371 km. Le rayon varie aussi avec l'élévation ; du niveau de la mer jusqu'à 5000 km au-dessus du niveau de la mer.

À quel endroit de la Terre pensez-vous que de nouveaux records puissent être atteints pour des épreuves de sauts ? Pour le lancer ? La course ? L'haltérophilie ? En judo ? En hockey ?

Des parachutistes atteignent éventuellement une vitesse de 192 km/h lorsque la force de résistance offerte par l'air est égale à la force de gravité. Dessinez le diagramme d'un corps en chute libre à vélocité maximale. Quelle est l'accélération verticale de ce parachutiste à ce temps précis ? Expliquez.

ACTIVITÉ 4   Impulsion et impact

(a) Saut vertical

Un saut vertical peut être découpé en quatre phases : la poussée pour décoller du sol, la montée, la descente et la réception. Pour chaque phase, identifiez

- la direction de l'accélération du centre de la masse du corps (la direction vers le haut correspondant à une donnée positive et vers le bas à une donnée négative) ;

- si le corps augmente, diminue, ou ne modifie pas la quantité de mouvement ;

- s' il y a un impact ou une impulsion ; et

- les forces externes agissant sur le corps.

(b) La troisième loi de Newton

Définissez la troisième loi de Newton et donnez un exemple illustrant cette loi dans le sport ou l'activité de votre choix :

_____

_____

Exemple: _____

Un sprinteur exerce une force de 1000 N vers le bas et vers l'arrière contre les blocs de départ. Au même moment, les blocs de départ exercent une force de 1000 N contre le sprinteur (dans la direction opposée). Nous voyons le sprinteur dégager des blocs, mais nous observons que les blocs demeurent immobiles. Pourquoi ?

_____

_____

ACTIVITÉ 5   Projectile en mouvement

(a) Mouvements indépendants d'un projectile

Si vous laissez tomber une pièce de dix sous de la hauteur d'une table et effectuez une chiquenaude sur une autre pièce de dix sous de la même hauteur et au même moment, quelle pièce touchera le sol en premier ? Réalisez ce geste avant de poursuivre cette lecture.

Qu'avez-vous observé ? La réponse à la question précédente est que les deux pièces toucheront le sol au même instant. Les deux pièces subissent la même accélération due à la gravité qui cause et gouverne leur mouvement vertical. Le mouvement horizontal de la pièce qui a reçu une chiquenaude n'a pas d'effet sur son mouvement vertical.

(b) Pouvez-vous réellement flotter dans les airs ?

Lors du mouvement d'un projectile, le centre de la masse d'un objet suivra toujours une trajectoire parabolique. Toutefois, il est possible de changer la position du centre de la masse en réorientant les parties du corps.

Quel effet produira une modification de la position du centre de la masse sur la trajectoire d'un projectile ? Quel effet produira la modification de la position du centre de la masse du corps sur l'illusion créée par un athlète ? Considérez les exemples suivants :

- le grand écart en gymnastique, en ballet, ou en patin artistique ;

- le *lay-up* au basket-ball ;

- le saut direct au panier en basket-ball ; et

- l'attraper, avec saut du joueur de champ au baseball.

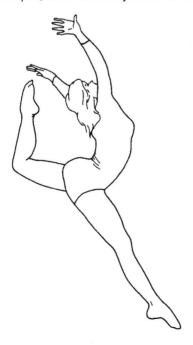

ACTIVITÉ 6   Dynamique des fluides

Forces de freinage et de poussée

Choisissez cinq différentes habiletés sportives ou équipements de la liste ci-dessous et mentionnez quels effets les forces exercées par les fluides peuvent avoir sur la performance. Soyez prêts à identifier les force impliquées, expliquer les effets (poussée ou freinage ou les deux) et identifiez quelques « trucs de l'entraîneur » qui permettront à un athlète d'améliorer sa performance.

Habileté sportive/ Équipement	Force(s) impliquée(s)	Effets	Trucs de l'entraîneur
Volant de badminton en plume vs. volant en plastique			
Balle tire-bouchon			
Les cavités sur une balle de golf			
Lancer du poids			
Saut en longueur			
Course			
Cyclisme			
Ski de fond			
Patinage de vitesse			
Javelot			
Ski acrobatique			
Effet de rotation avant sur une balle de tennis			
Balle courbe			
Aviron			

ACTIVITÉ 7   Équilibre et stabilité

Dans notre corps, chaque partie peut modifier rapidement la position du centre de masse et la largeur de la base d'appui afin de rétablir une perte d'équilibre. De plus, les mouvements réflexes, induits par des influences externes, peuvent également aider à prévenir la perte d'équilibre. Choisissez cinq des situations dynamiques décrites ci-dessous et décrivez de quelle façon regagner l'équilibre.

Pousser pour ouvrir une porte qu'une autre personne est en train de tirer.

Tirer une lourde charge sur le sol.

Pousser une lourde charge sur le sol.

Exécuter une prise avec la hanche au judo.

Transporter une lourde charge à travers une pièce.

Transporter un lourd sac de sport.

Changer de direction rapidement au basket-ball.

Trébucher sur une imperfection du trottoir.

Courir en effectuant un virage sur une surface mouillée.

Se réceptionner d'un saut en parachute.

Exécuter une roulade de côté au volley-ball.

Exécuter un départ de course en natation.

Exécuter l'arraché et l'épaulé-jeté en haltérophilie.

Se mettre en position de départ en natation (ou les épreuves de course sur piste).

Faire un sport dynamique (ex., escalade).

Se relever de sa chaise sans utiliser ses mains (vos pieds à plat sur le sol en avant de la chaise).

Retrouver l'équilibre sur une poutre.

ACTIVITÉ 8   Qu'avez-vous appris ?

(a) Leviers au travail

- En ouvrant une porte, faites l'expérience d'appliquer une force à l'aide d'un seul doigt. Appliquez la force à plusieurs distances des charnières (ex., 10 cm, 20 cm, 30 cm, 40 cm, etc.). Ensuite appliquez la force à plusieurs distances de la poignée (ex., 30 cm, 40 cm, 50 cm, 60 cm, etc.). À quel endroit l'application de la force a permis l'ouverture de la porte le plus facilement, le plus difficilement ? Écrivez un court paragraphe pour expliquer vos observations et vos conclusions.

- Placez un bâton ou une tige sur le dossier d'une chaise (servant de pivot) et suspendez un poids de 2 lb à une extrémité de la tige. Placez un poids de 5 lb à l'autre extrémité de la tige de façon à obtenir un équilibre. Mesurez et enregistrez les distances des deux poids par rapport au pivot. De quelle façon ces distances changeraient si différents poids étaient ajoutés sur la tige ? Donnez une brève explication de vos résultats par écrit.

- Travaillez vos abdominaux dans plusieurs situations différentes : (1) les bras repliés contre la poitrine ; (2) les mains derrière la nuque ; et (3) en tenant un poids de 5 lb derrière la tête. Décrivez brièvement vos observations et dessinez un diagramme des corps libres démontrant les forces appliquées, la résistance et l'axe de rotation (pivot).

(b) Analyse qualitative du mouvement humain

- En groupes de trois à cinq étudiants, sélectionnez un mouvement humain avec lequel chaque membre du groupe est familier (un saut en longueur, un smash au badminton, une roue latérale, etc.). Sélectionnez deux membres du groupe qui devront simultanément réaliser ces mouvements pendant que les autres membres du groupe observent leur exécution. Suite à une comparaison des résultats, faites une liste des différences et similarités que vous avez observées. Quelles sont les observations qui ont une incidence possible sur l'exécution de l'exercice et quelles sont les observations qui relèvent plutôt du style individuel de chaque étudiant lors de la performance ?

- En groupes de trois à cinq étudiants, sélectionnez un membre du groupe qui marchera à travers la pièce plusieurs fois pendant que le reste du groupe observe l'exécution du mouvement de face, de coté et de l'arrière. Quelles observations peuvent être faites sur la démarche du sujet à partir de chaque poste d'observation (avant, côté, arrière) qui ne seraient pas visibles des autre lieux ?

- Visionnez le vidéo ou regardez la performance en temps réel d'un saut en longueur vue de côté. Expliquez la motion des bras et des jambes du sauteur avec l'aide des concepts présentés dans le chapitre traitant de la biomécanique.

NOTES :

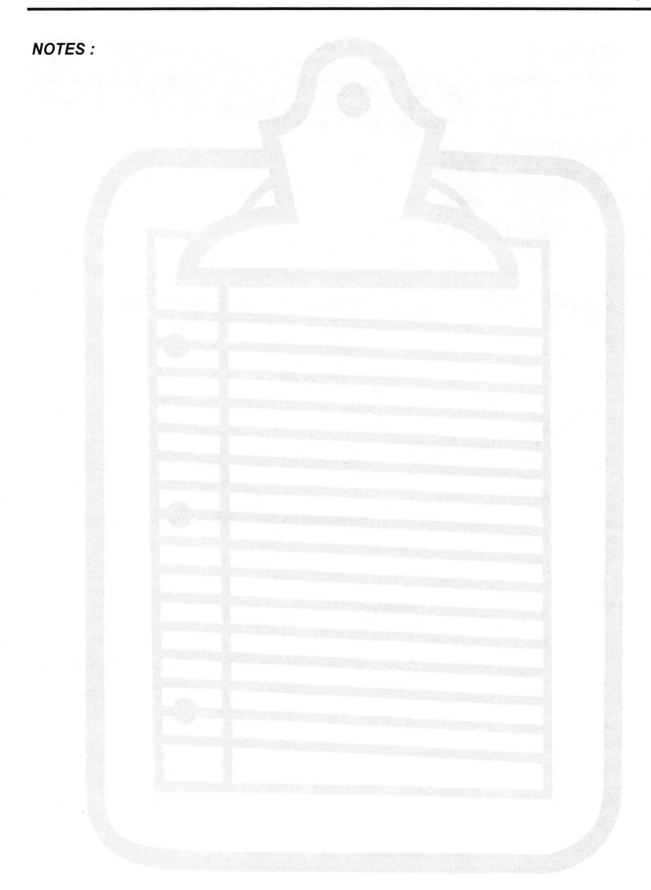

LES BASES BIOLOGIQUES DU MOUVEMENT HUMAIN

LES BLESSURES SPORTIVES : COMMENT SE MAINTENIR HORS DE DANGER

CHAPITRE CINQ ACTIVITÉS ET TRAVAUX PRATIQUES

1 Visiter un professionnel de la santé   *5–3*

2 Révélations sur les médicaments contre la douleur   *5–3*

3 Reconnaître les mécanismes de blessures sportives   *5–4*

4 Prévention et traitement des blessures musculo-squelettiques   *5–4*

5 Échauffement pour la prévention de blessures sportives   *5–4*

ACTIVITÉ 1 Visiter un professionnel de la santé

Prenez un rendez-vous avec un professionnel de la santé qui se spécialise dans la rééducation sportive (ex., chiropraticien, docteur en médecine sportive, ou physiothérapeute). Cherchez à savoir :

- Quel type de formation suivre pour devenir un professionnel de la santé (Docteur en chiropratique, Médecin diplômé, Physiothérapeute) ?

- Comment les programmes de traitement sont établis ?

- Combien de temps une blessure typique prend pour guérir ?

- Que faire pour prévenir les accidents sportifs ?

- Quelle importance la nutrition joue-t-elle dans la prévention des blessures sportives ?

 ACTIVITÉ 2 Révélations sur les médicaments contre la douleur

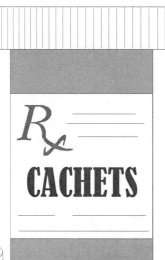

En groupes de 3 à 5, effectuez une recherche et discutez des effets et complications des médicaments sur la douleur et leurs besoins thérapeutiques. Explorez pourquoi calmer la douleur avec des médicaments peut aggraver l'état du blessé ou détériorer une condition musculo-squelettique existante.

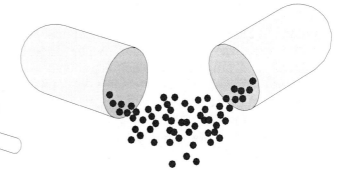

ACTIVITÉ 3   Reconnaître les mécanismes de blessure sportive

Associez chaque blessure sportive dans la colonne de gauche au mécanisme qui la décrit le mieux dans la colonne de droite. Un exemple vous est déjà donné.

Blessure sportive

Mécanisme

Luxation de l'épaule

Commotion cérébrale

Épicondyle médial

Épicondyle latéral

Tendinite de l'épaule

Rupture du LCA

Contusion

Répétition du lancer

Mouvement latéral soudain

Chute sur un bras tendu

Se faire frapper par en arrière et frapper la tête la première sur les planches.

Mauvais revers au tennis

Activités avec mouvements répétitifs par-dessus la tête

Contact du genou sur la cuisse

ACTIVITÉ 4   Prévention et traitement des blessures musculo-squelettiques

Effectuez une recherche sur les méthodes de prévention et les traitements pour une des conditions musculo-squelettiques suivantes. Présentez vos résultats sous forme de synthèse de recherche ou sous forme d'affiche.

Crampes musculaires   Foulures musculaires   Blessures chroniques
Épuisement dû à la chaleur   Entorses aux ligaments

ACTIVITÉ 5   Échauffement pour la prévention de blessures sportives

Vous êtes entraîneur d'une équipe de volley-ball ou d'une autre activité sportive dans votre école. Développez un programme d'échauffement qui favorisera la prévention des blessures courantes associées à ce sport. Il sera peut-être nécessaire de faire auparavant une recherche sur les blessures courantes dans le sport que vous avez choisi pour cette activité.

NOTES :

PERFORMANCE HUMAINE

TESTER VOTRE FORME PHYSIQUE

CHAPITRE SIX   ACTIVITÉS ET TRAVAUX PRATIQUES

 1   Tests d'endurance cardio-vasculaire   *6–3*

 2   Tests d'agilité   *6–7*

 3   Testez votre flexibilité   *6–12*

 4   Tests d'endurance musculaire   *6–22*

 5   Tests de puissance musculaire   *6–24*

ACTIVITÉ 1 Tests d'endurance cardio-vasculaire

(a) Le test de la marche/course de Cooper (12 min)

<u>Objectif</u> : Déterminer votre niveau d'endurance cardio-vasculaire en chronométrant le temps qu'il vous faut pour couvrir la plus grande distance possible en 12 minutes.

<u>Équipement</u> : chronomètre
piste dont on connaît la distance totale

<u>Marche à suivre</u> : Choisissez un endroit approprié pour le trajet. Une piste de course telle que celle d'une cour d'école ou d'un centre d'entraînement convient parfaitement (figure 6.1). Échauffez-vous avec des étirements, de la marche et du jogging léger avant le début de la course. Déterminez la distance parcourue (au mètre près) pendant 12 minutes. Souvenez-vous que l'objectif de ce test est de parcourir la plus grande distance en 12 minutes. Si vous éprouvez des symptômes inhabituels pendant cet exercice, arrêtez la course immédiatement.

Après avoir terminé ce test, marchez lentement pendant 3 à 5 minutes afin de reprendre le souffle. En vous basant sur la distance parcourue en 12 minutes, déterminez l'état de votre forme en vous référant au tableau 6.1.

<u>Pointage</u> : Servez-vous du chronomètre pour enregistrer la distance parcourue (en km) en 12 minutes. Demandez à un partenaire de mesurer la distance.

<u>Résultats</u> :

Ma **distance parcourue en 12 minutes** : _____ km

Mon **niveau d'endurance cardio-vasculaire** : _____
(d'après le tableau 6.1)

<u>Exemple</u> : Un homme âgé de 17 ans court une distance de 2,5 km en 12 minutes. D'après le tableau 6.1, cette distance le place dans une catégorie d'endurance cardio-vasculaire passable.

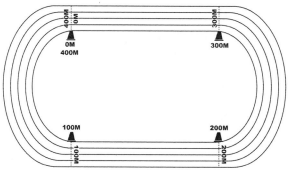

Figure 6.1 *Tracé d'une piste de course pour la course de Cooper (12 min).*

ACTIVITÉ 1   *Tests d'endurance cardio-vasculaire (suite)*

TABLEAU 6.1   Classification du niveau d'endurance cardio-vasculaire selon la distance parcourue (en km) pendant la marche/course d'une durée de 12 minutes

Niveau de condition physique		Distance parcourue par catégorie d'âge (en années)		
		13-19	20-29	30-39
Supérieur	(hommes)	≥ 3,01	≥ 2,85	≥ 2,74
	(femmes)	≥ 2,45	≥ 2,35	≥ 2,25
Excellent	(hommes)	2,78 - 3,00	2,66 - 2,84	2,53 - 2,73
	(femmes)	2,32 - 2,44	2,17 - 2,34	2,09 - 2,24
Bon	(hommes)	2,53 - 2,77	2,41 - 2,65	2,35 - 2,52
	(femmes)	2,09 - 2,31	1,98 - 2,16	1,92 - 2,08
Passable	(hommes)	2,22 - 2,52	2,12 - 2,40	2,11 - 2,34
	(femmes)	1,92 - 2,08	1,80 - 1,97	1,71 - 1,91
Inférieur à la moyenne	(hommes)	2,09 - 2,21	1,96 - 2,11	1,91 - 2,10
	(femmes)	1,61 - 1,91	1,54 - 1,79	1,53 - 1,70
Besoin d'amélioration	(hommes)	≤ 2,08	≤ 1,95	≤ 1,90
	(femmes)	≤ 1,60	≤ 1,53	≤ 1,52

ACTIVITÉ 1   *Tests d'endurance cardio-vasculaire (suite)*

(b) La course d'endurance

<u>Objectif</u> : Déterminer le niveau d'endurance générale d'un participant.

<u>Équipement</u> :   chronomètre

<u>Étapes préparatoires</u> : Choisissez un endroit approprié pour la course (p. ex. : une piste intérieure/extérieure ou un gymnase). Pour les participants, préparez un trajet de 1 000 m et pour les participantes, préparez un trajet de 800 m.

<u>Marche à suivre</u> : Au signal « À vos marques ! », les participants se placent derrière la ligne de départ avec un pied sur la ligne. Après le signal « Prêt ! » et « Partez ! », les participants débutent la course. Le but de cet exercice est de courir aussi vite que possible. La marche néanmoins est permise. (Il est recommandé d'informer au préalable les participants de courir à un rythme constant.)

Lors d'une épreuve en groupe, chaque coureur a un partenaire qui chronomètre la durée de sa course. Un chronométreur accompagne un seul coureur. À la fin de la course, il annonce le temps de la course en secondes puis l'inscrit sur le tableau des résultats.

<u>Résultats</u> :

La durée de ma course : _____ min

Mon **niveau de performance** _____ (tableaux 6.2a et 6.2b)

TABLEAU 6.2a	Normes de performance (pour les hommes) pour la course d'endurance de 1 000 m (min : sec)				
Niveau de performance	**Âge**				
	15	**16**	**17**	**18**	**18+**
Excellent	≤ 3 min 04	≤ 2 min 59	≤ 2 min 55	≤ 2 min 53	≤ 2 min 51
Supérieur à la moyenne	3 min 05 – 3 min 13	3 min – 3 min 07	2 min 56 – 3 min 02	2 min 54 – 2 min 59	2 min 52 – 2 min 57
Moyen	3 min 14 – 3 min 25	3 min 08 – 3 min 18	3 min 03 – 3 min 13	3 min – 3 min 09	2 min 58 – 3 min 07
Inférieur à la moyenne	3 min 26 – 3 min 49	3 min 19 – 3 min 49	3 min 14 – 3 min 32	3 min 10 – 3 min 26	3 min 08 – 3 min 24
Besoin d'amélioration	≥ 3 min 50	≥ 3 min 50	≥ 3 min 33	≥ 3 min 27	≥ 3 min 25

ACTIVITÉ 1 *Tests d'endurance cardio-vasculaire (suite)*

TABLEAU 6.2b	Normes de performance (pour les femmes) pour la course d'endurance de 800 m (min : sec)				
Niveau de performance	**Age**				
	15	**16**	**17**	**18**	**18+**
Excellent	≤ 2 min 52	≤ 2 min 49	≤ 2 min 47	≤ 2 min 46	≤ 2 min 45
Supérieur à la moyenne	2 min 53 – 3 min	2 min 50 – 2 min 57	2 min 48 – 2 min 55	2 min 47 – 2 min 54	2 min 46 – 2 min 53
Moyen	3 min 01 – 3 min 12	2 min 58 – 3 min 09	2 min 56 – 3 min 06	2 min 55 – 3 min 05	2 min 54 – 3 min 04
Inférieur à la moyenne	3 min 13 – 3 min 33	3 min 10 – 3 min 30	3 min 07 – 3 min 27	3 min 06 – 3 min 26	3 min 05 – 3 min 25
Besoin d'amélioration	≥ 3 min 34	≥ 3 min 31	≥ 3 min 28	≥ 3 min 27	≥ 3 min 26

(b) À quelle vitesse courir ? Le test de la conversation, le test de la respiration et le seuil anaérobique

Les épreuves mentionnées ci-dessus permettent de déterminer votre niveau d'entraînement cardio-vasculaire. Néanmoins, si vous souhaitez savoir la quantité d'exercices physiques nécessaires pour entretenir ou améliorer votre niveau d'entraînement cardio-vasculaire, deux tests permettent de répondre à cette question ; le « test de la conversation » et le « test de la respiration ».

1. Choisissez un partenaire qui, selon vous, possède un niveau d'entraînement cardio-vasculaire semblable au vôtre.

2. Ensemble, faites du jogging léger à un rythme qui vous permet de converser sans difficulté. Voilà le test de la conversation. Ce test permet que l'activité soit aérobique (c'est-à-dire, avec suffisamment d'oxygène).

3. Arrêtez de converser puis continuez de courir pendant 3 minutes à un rythme qui vous permet de vous entendre respirer. Voilà le test de la respiration. Ce test permet de vérifier que l'activité soit suffisamment intense pour augmenter le niveau de $\dot{V}O_2$ max.

4. À l'aide d'un moniteur de pouls, comparez votre pouls actuel avec le minimum suggéré pour une augmentation de $\dot{V}O_2$ max. Si vous n'avez pas de moniteur, arrêtez et prenez votre pouls pendant 10 secondes puis multipliez ce nombre par 10 (ceci est votre pouls d'entraînement).

   ≈ 65% de 220 – âge (estimation)   Mon **taux cardiaque** : _____ bpm

5. Augmentez votre rythme de jogging jusqu'au point où maintenir une conversation est difficile (mais auquel vous êtes encore capable de courir). Continuez pendant 2 minutes. Vous approchez alors de votre seuil anaérobique, si vous ne l'avez déjà atteint ; la production d'acide lactique augmente de plus en plus dans vos cellules musculaires créant ainsi la fatigue musculaire. Arrêtez et prenez votre pouls pendant 10 secondes ou bien servez-vous d'un moniteur de pouls.

   ≈ 85% de 220 - âge (estimation)   Mon **taux cardiaque** : _____ bpm

6. Après un lapse de temps de 2 minutes, retournez au niveau d'activité aérobique en ralentissant le pas au point où vous pouvez reprendre la conversation. Continuez ainsi pendant trois à cinq minutes. Cette période de refroidissement est une composante intégrale de votre programme d'entraînement. Il n'est pas recommandé de ralentir le taux cardiaque rapidement après l'exercice anaérobique.

ACTIVITÉ 2   Tests d'agilité

(a) Le test de l'agilité du mouvement

<u>Objectif</u> : Déterminer l'agilité générale du corps.

<u>Équipement</u> : Un endroit assez spacieux pour le lancer libre du basket-ball (ou une surface de course de 4 m x 6 m)
4 balises en plastique (ou objets semblables)
chronomètre

<u>Étapes préparatoires</u> : Placer une balise à chaque coin de la zone de lancé libre. Chaque balise est identifiée par A, B, C et D.

<u>Marche à suivre</u> : Le participant débute en se plaçant à l'extérieur de la zone de lancé libre au point A, le dos tourné à la ligne de lancé libre. Au signal, le participant commence une marche de côté (de A à B et de B à A, la ligne d'arrivée), marche à reculons (de B à D et de A à C) puis sprint vers l'avant (de D à A et de C à B) afin de compléter ce trajet aussi rapidement que possible (figures 6.2a-b). Le participant doit contourner la balise (à l'extérieur) durant cette épreuve sinon l'essai est invalidé.

Un partenaire chronomètre le temps du trajet au dixième de seconde près. Le participant a droit à deux tests et le meilleur temps des deux est inscrit au tableau des résultats. Un ou plusieurs essais avant le début des tests sont permis. Le tableau 6.3 présente les normes pour des étudiants au niveau collégial.

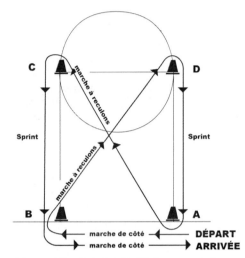

Figure 6.2a Le test de l'agilité du mouvement.

<u>Résultats</u> :

Test 1 _____ secondes

Test 2 _____ secondes

Mon **score** _____ secondes (meilleur temps des deux tests)

Mon **niveau de performance** _____ (d'après le tableau 6.3)

Figure 6.2b Le test de l'agilité du mouvement.

TABLEAU 6.3   Normes (en secondes) pour le test d'agilité du mouvement

Niveau de performance	Score d'agilité (secondes)	
	Hommes	**Femmes**
Excellent	≤ 10,72	≤ 12,19
Supérieur à la moyenne	10,73 – 11,49	12,20 – 12,99
Moyen	11,50 – 13,02	13,00 – 13,90
Inférieur à la moyenne	13,03 – 13,79	13,91 – 14,49
Besoin d'amélioration	≥ 13,80	≥ 14,50

ACTIVITÉ 2   *Tests d'agilité (suite)*

(b) L'exercice de l'éventail

<u>Objectif</u> : Déterminer l'endurance à la vitesse et la dextérité générale.

<u>Équipement</u> :   ruban à masquer ou craie   raquette (p. ex. : badminton, tennis ou squash)
                     ruban à mesurer   chronomètre

<u>Étapes préparatoires</u> : Préparez un trajet comme celui de la figure 6.3 avec cinq parcours de 4 m ; chacun numéroté en séquence. Ce test peut être marqué sur un terrain de tennis, de raquetball ou dans un gymnase.

<u>Marche à suivre</u> : Les raquettes en main, le participant se place sur la base de départ, les deux pieds éloignés l'un de l'autre à une distance égale à celle des épaules du participant et les genoux légèrement pliés. Au signal, le participant court trois fois le long du trajet (composé des cinq bases) aussi rapidement que possible. Le participant doit : (1) toujours revenir sur la base de départ et les autres bases avant de poursuivre la course ; (2) toucher le sol avec la raquette devant chaque base ; et (3) toujours courir à reculons pour la troisième partie de la course (les autres parties peuvent être courues au choix du participant).

Un partenaire chronomètre le temps requis pour faire les trajets au dixième de seconde près. Deux essais ou plus sont permis avant le début de l'épreuve. Deux épreuves sont administrées et le meilleur temps des deux est inscrit au tableau des résultats. Les tableaux 6.4a et 6.4b présentent les normes pour des élèves inscrits dans un programme d'entraînement de tennis.

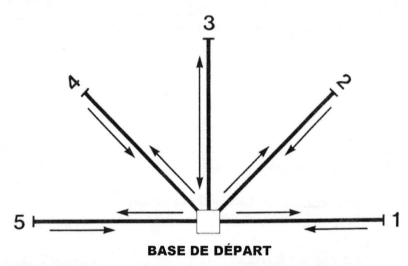

BASE DE DÉPART

Figure 6.3   *L'exercice de l'éventail.*

<u>Resultats</u> :

Test 1   _____ secondes

Test 2   _____ secondes

Mon **score**   _____ secondes (meilleur temps des deux tests)

Mon **niveau de performance** _____ (d'après les tableaux 6.4a et 6.4b)

ACTIVITÉ 2 *Tests d'agilité (suite)*

TABLEAU 6.4a Normes de performance pour les hommes (en secondes) pour l'exercice de l'éventail

Niveau de performance	Âge				
	15	**16**	**17**	**18**	**18+**
Excellent	≤ 39,1	≤ 38,6	≤ 38,1	≤ 38,0	≤ 37,7
Supérieur à la moyenne	39,2 – 40,9	38,7 – 40,3	38,2 – 39,8	38,1 – 39,5	37,8 – 39,3
Moyen	41,0 – 43,6	40,4 – 42,8	39,9 – 42,3	39,6 – 41,9	39,4 – 41,6
Inférieur à la moyenne	43,7 – 48,5	42,9 – 47,3	42,4 – 46,7	42,0 – 46,1	41,7 – 45,8
Besoin d'amélioration	≥ 48,6	≥ 47,4	≥ 46,8	≥ 46,2	≥ 45,9

TABLEAU 6.4b Normes de performance pour les femmes (en secondes) pour l'exercice de l'éventail

Niveau de performance	Âge		
	15	**16**	**17**
Excellent	≤ 40,5	≤ 40,1	≤ 39,6
Supérieur à la moyenne	40,6 – 42,3	40,2 – 41,8	39,7 – 41,3
Moyen	42,4 – 45,0	41,9 – 44,3	41,4 – 43,8
Inférieur à la moyenne	45,1 – 49,9	44,4 – 48,9	43,9 – 48,2
Besoin d'amélioration	≥ 50,0	≥ 49,0	≥ 48,3

(c) L'exercice de la boussole

Objectif : Mesurer la vitesse et la dextérité générale.

Équipement : deux ballons lourds de type « medecine balls » ou objets similaires   base
raquette (badminton, tennis ou squash)   ruban à mesurer
chronomètre

Étapes préparatoires : Identifier sur le sol une base centrale et placer les deux ballons de chaque côté (figure 6.4). Pour calculer la distance entre chaque ballon et la base centrale, ajouter 20 cm à la hauteur totale du participant.

Marche à suivre : En se plaçant sur la base centrale, le participant doit toucher un ballon avec la raquette puis l'autre ballon en alternance aussi rapidement que possible.

ACTIVITÉ 2   *Tests d'agilité (suite)*

Figure 6.4   L'exercice de la boussole.

<u>Conseils supplémentaires</u> : Il est fortement recommandé que des partenaires tiennent les ballons en place afin qu'ils ne se déplacent pas durant cet exercice.

<u>Pointage</u> : Le participant n'a droit qu'à une épreuve. Le score total correspond au nombre de touchers de ballon en une minute.

<u>Résultats</u> :

Nombre de touchers de ballon _____

Mon **niveau de performance**   _____ (d'après le tableau 6.5)

TABLEAU 6.5   Normes (nombre de touchers de ballon) pour l'exercice de la boussole

Niveau de performance	Hommes - 11 ans et plus	Femmes - 11 ans et plus
Excellent	≥ 73	≥ 55
Supérieur à la moyenne	$68 - 72$	$50 - 54$
Moyen	$62 - 67$	$45 - 49$
Inférieur à la moyenne	$53 - 61$	$40 - 44$
Besoin d'amélioration	≤ 52	≤ 39

ACTIVITÉ 2   *Tests d'agilité (suite)*

(d) Le test de l'hexagone

Objectif : Évaluer l'agilité, la coordination et l'équilibre

Équipement : ruban à masquer ou craie   chronomètre
gymnase ou surface en béton

Étapes préparatoires : Tracez à l'aide d'une craie ou d'un ruban à masquer un hexagone de 66 cm de côté. Afin de simplifier cette étape, tracez premièrement un cercle avec un rayon de 66 cm puis ajoutez les lignes de l'hexagone. Étiquetez les lignes de A à F (figure 6.5a).

Marche à suivre : Le participant se place au milieu de l'hexagone (figure 6.5b). Au signal, le participant saute les deux pieds joints vers A puis immédiatement retourne au point de départ à l'intérieur de l'hexagone. Puis, sans modifier l'orientation du corps, le participant saute du point de départ vers les autres côtés afin de faire le tour complet de l'hexagone (figure 6.5c). Le participant réalise trois révolutions complètes.

Pointage : Le temps requis est chronométré au dixième de seconde près. Le chronométrage s'arrête et reprend chaque fois que le participant retourne dans l'hexagone à partir du point F pour la dernière fois. Une épreuve comprend trois révolutions complètes de l'hexagone. Le meilleur temps est utilisé afin d'évaluer l'agilité, la coordination et l'équilibre du participant (tableau 6.6).

Résultats :

Test 1 _____ secondes

Test 2 _____ secondes

Test 3 _____ secondes

Mon **score** _____ secondes (meilleur temps des trois épreuves)

Mon **niveau de performance** _____ (d'après le tableau 6.6)

TABLEAU 6.6 Normes (en secondes) pour le test de l'hexagone		
Niveau de performance	Hommes	Femmes
Excellent	≤ 10,0	≤ 10,5
Supérieur à la moyenne	10,1 – 12,5	10,6 – 14,5
Moyen	12,6 – 15,5	14,6 – 18,5
Inférieur à la moyenne	15,6 – 18,5	18,6 – 21,5
Besoin d'amélioration	≥ 18,6	≥ 21,6

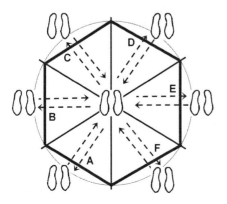

Figure 6.5a *Le test de l'hexagone.*

Figure 6.5b *Prêt !*

Figure 6.5c *Sautez !*

ACTIVITÉ 3 Testez votre flexibilité

(a) Le test modifié de la flexibilité des ischio-jambiers

<u>Objectif</u> : Mesurer le niveau de flexibilité des ischio-jambiers (muscles postérieurs de la cuisse).

<u>Équipement</u> : mètre ou ruban à mesurer

<u>Marche à suivre</u> : Avant le début de cette épreuve, les participants devraient s'échauffer et étirer les muscles de la cuisse. Le participant est assis sur le sol, les hanches, le dos et la tête adossés contre un mur et les bras dirigés vers l'avant. Le mètre ou ruban à mesurer est placé entre les jambes, aligné avec l'extrémité des doigts tendus du participant.

À trois reprises, le participant se penche vers l'avant en suivant le mètre. Lors de la troisième tentative, le participant doit atteindre la plus grande distance possible et tenir dans cette position pendant au moins deux secondes. La face postérieure des genoux doit rester collée au sol (figure 6.6b).

<u>Pointage</u> : Chaque test est mesuré au centimètre près. Deux tests sont permis et le score final correspond à la moyenne des deux mesures. Voir les tableaux 6.7 et 6.8 pour les normes et le rang-centile.

<u>Résultats</u> :

Test 1 _____ cm

Test 2 _____ cm

<u>Score final</u> :

_____ cm + _____ cm /2
[Test 1   + Test 2]   /2 = _____ cm

Mon **rang-centile** _____
(Tableau 6.7)

Mon **niveau d'entraînement** _____
(Tableau 6.8)

<u>NOTE</u> : Cette épreuve a été modifiée de sa version traditionnelle. La version traditionnelle nécessitait un équipement spécial tel que l' « Acuflex Box ».

Figure 6.6a *Position de départ pour le test de la flexibilité des ischio-jambiers.*

Figure 6.6b *Test de la flexibilité des ischio-jambiers.*

ACTIVITÉ 3   *Testez votre flexibilité (suite)*

TABLEAU 6.7   Normes (en centimètres) pour le test modifié de la flexibilité des ischio-jambiers

	Hommes			Femmes	
Rang-centile	**Catégorie d'âge**		**Rang-centile**	**Catégorie d'âge**	
	moins de 18 ans	19 – 35		Moins de 18 ans	19 – 35
99	53	51	99	57	53
95	50	48	95	50	49
90	46	44	90	47	45
80	45	43	80	45	42
70	41	40	70	42	41
60	39	38	60	41	40
50	37	37	50	39	38
40	36	34	40	37	37
30	34	33	30	35	35
20	30	29	20	32	32
10	24	23	10	29	26
05	21	20	05	24	21
01	18	18	01	17	17

TABLEAU 6.8   Catégories d'entraînement de la flexibilité, basées sur les standards du test modifié de la flexibilité des ischio-jambiers

Rang-centile	Niveau de condition physique
≥ 81	**Excellent**
61 - 80	**Supérieur à la moyenne**
41 - 60	**Moyen**
21 - 40	**Inférieur à la moyenne**
≤ 20	**Besoin d'amélioration**

ACTIVITÉ 3   *Testez votre flexibilité (suite)*

(b) Souplesse des ischio-jambiers

<u>Objectif</u> : Évaluer la souplesse des ischio-jambiers.

<u>Marche à suivre</u> : Avant d'administrer cette épreuve, les participants doivent s'échauffer afin d'être souples. Le participant se tient debout (préférablement les pieds nus) avec les pieds éloignés l'un de l'autre à une distance égale à celle des hanches du participant. En gardant les genoux tendus, le participant se penche vers l'avant et laisse tomber les bras au sol. Le participant étend les mains pour toucher le sol. La souplesse des ischio-jambiers sera calculée en fonction du type de contact entre la main et le sol.

<u>Pointage</u> : Référez-vous aux figures 6.7a-d et au tableau 6.9 pour déterminer votre niveau de performance.

<u>Résultats</u> :

Mon **niveau de performance** _____ (d'après le tableau 6.9)

Figure 6.7a *La paume de la main touche le sol.*

Figure 6.7b *Les poings touchent le sol.*

ACTIVITÉ 3 *Testez votre flexibilité (suite)*

Figure 6.7c *Le bout des doigts touche le sol.*

Figure 6.7d *Le bout des doigts touche la cheville.*

TABLEAU 6.9 Niveau de performance pour le test de la souplesse des ischio-jambiers

Niveau de performance	Position atteinte
Excellent	La paume de la main touche le sol (figure 6.7a)
Supérieur à la moyenne	Les poings touchent le sol (figure 6.7b)
Moyen	Le bout des doigts touche le sol (figure 6.7c)
Inférieur à la moyenne	Le bout des doigts touche la cheville (figure 6.7d)
Besoin d'amélioration	Le bout des doigts touche la cheville ou au dessus

ACTIVITÉ 3   *Testez votre flexibilité (suite)*

(d) Le test de rotation complète du corps

Objectif : Mesurer le degré de flexibilité du tronc.

Équipement :   deux rubans à mesurer (ruban de couturière)
ruban à masquer

Étapes préparatoires : Fixer au mur un des rubans à mesurer à une hauteur correspondant approximativement à la hauteur des épaules du participant. À 40 cm de cette marque, tracez une ligne sur le sol avec une craie ou du ruban à masquer. Ajustez la marque sur le mur afin qu'elle corresponde à la hauteur des épaules du participant. Deux stations sont requises afin de mesurer la flexibilité des côtés droit et gauche.

Marche à suivre : Le participant doit s'échauffer avant le début de cette épreuve. Le participant se tient de côté par rapport au mur à une distance égale à celle de son bras. Les orteils doivent être en alignement avec la ligne tracée sur le sol, les pieds sont parallèles et éloignés d'une distance correspondant à celle des épaules du participant et les genoux sont légèrement pliés. Un bras est tendu pour toucher le mur, l'autre bras est tendu, parallèle au sol, et les mains sont orientées vers le plafond (figure 6.8a). Le participant tourne le tronc vers l'arrière jusqu'à ce que la main du bras extérieur atteigne le mur. Une fois que la main a touché le mur, le participant glisse son poing le long du ruban à mesurer sur la plus grande distance possible. Le participant doit maintenir cette position finale pendant deux secondes au minimum. Le corps doit rester aussi droit que possible et les pieds demeurer orientés vers l'avant (figure 6.8b).

Pointage : Cette épreuve peut être administrée du côté droit ou gauche. Deux épreuves sont permises pour le côté choisi par le participant. Chaque test est mesuré au centimètre près aux articulations des doigts pendant une durée minimale de deux secondes. Le résultat final est calculé à partir de la moyenne des deux tests.

Résultats :

	Côté droit	Côté gauche
Test 1	_____ cm	_____ cm
Test 2	_____ cm	_____ cm

Score final :

_____ cm + _____ cm /2
[Test 1   +   Test 2]   /2 = _____ cm

Mon **rang-centile** _____ (tableaux 6.10a et 6.10b)

Mon **niveau de condition physique** _____ (tableau dessous)

Figure 6.8a   *Position de départ pour le test de rotation complète du corps.*

Niveau de condition physique, basé sur les normes de rotation complète du corps	
Percentile	**Niveau de condition physique**
≥ 81	**Excellent**
61 – 80	**Supérieur à la moyenne**
41 – 60	**Moyen**
21 – 40	**Inférieur à la moyenne**
≤ 20	**Besoin d'amélioration**

Figure 6.8b   *Le test de rotation complète du corps.*

ACTIVITÉ 3   *Testez votre flexibilité (suite)*

TABLEAU 6.10a   Normes du rang-centile pour les hommes (en centimètres) pour la rotation complète du corps par catégorie d'âge

Rang-centile	Rotation sur la gauche		Rotation sur la droite	
	18 ans et moins	19 – 35 ans	18 ans et moins	19 – 35 ans
99	74	71	72	71
95	68	63	65	65
90	64	60	62	61
80	56	56	58	57
70	53	52	54	53
60	51	49	50	48
50	47	46	48	44
40	43	43	44	41
30	38	38	38	38
20	35	34	33	34
10	27	27	27	29
05	22	23	21	21
01	19	14	17	17

TABLEAU 6.10b   Normes du rang-centile pour les femmes (en centimètres) pour la rotation complète du corps par catégorie d'âge

Rang-centile	Rotation sur la gauche		Rotation sur la droite	
	18 ans et moins	19 – 35 ans	18 ans et moins	19 – 35 ans
99	74	73	75	75
95	68	63	70	64
90	65	58	66	58
80	60	55	60	53
70	55	52	56	49
60	52	49	53	46
50	50	46	50	44
40	47	44	46	41
30	43	40	41	39
20	41	39	37	38
10	33	35	31	36
05	28	19	26	22
01	23	13	23	18

ACTIVITÉ 3   *Testez votre flexibilité (suite)*

Le test de la rotation des épaules

<u>Objectif</u> : Mesurer le degré de flexibilité des épaules.

<u>Équipement</u> :   mètre ou ruban à mesurer (ruban de couturière)
ruban et pinces à mesurer pour les épaules (si disponible)

<u>Étapes préparatoires</u> : Sur un bâton de bois (bâton de hockey) ou de métal d'une longueur d'au moins 150 cm, fixez un ruban à mesurer à 15 cm de l'extrémité du bâton.

<u>Marche à suivre</u> : Le participant doit s'échauffer avant le début de cette épreuve. Mesurez la distance biacromiale en se servant des pinces à mesurer (si disponible). Vous pouvez également vous servir d'un ruban à mesurer et déterminer la distance entre les extrémités latérales du processus acromial des épaules. Le processus acromial est le bout osseux de la scapula (l'omoplate) qui s'articule avec l'humérus.

Placez le bâton de bois derrière le participant. Il tient le bâton de bois en se servant de ses poings (les pouces sont orientés vers l'extérieur). Le poing droit est placé à l'extrémité du bâton tandis que le poing gauche se place à une distance quelconque sur le bâton. En se tenant debout et en étendant les bras (les coudes sont bloqués), le participant lève tranquillement le bâton au dessus de la tête et vers l'avant (figure 6.9b).

Afin de débuter l'épreuve, le participant exécute le même mouvement. Dépendant de la résistance éprouvée lors de l'essai au niveau de la rotation de l'épaule, le poing gauche peut être déplacé de 2 ou 3 cm à la fois sur le bâton. Cet essai est répété jusqu'à ce que le participant éprouve une douleur lors de la rotation des épaules ou lorsque les coudes se relâchent.

<u>Pointage</u> : Mesurez la distance de l'épreuve réussie au centimètre près. Le meilleur score correspond à la plus courte distance relevée entre les deux mains lors du test de rotation. Cette mesure est prise du coté intérieur de la main gauche du côté du petit doigt. Le score final est obtenu en soustrayant la distance biacromiale et la mesure entre les deux mains lors du test de rotation.

Figure 6.9a *Position de départ.*

Figure 6.9b *Rotation des bras au-dessus de la tête.*

ACTIVITÉ 3   *Testez votre flexibilité (suite)*

Résultats :

Distance biacromiale _____ cm   Meilleur score _____ cm

Score final (meilleur score – distance biacromiale) : _____ cm - _____ cm = _____ cm

Mon **rang-centile** : _____ (d'après le tableau 6.11)

Mon **niveau de condition physique** : _____ (d'après le tableau 6.12)

TABLEAU 6.11   Normes (en centimètres) pour le test de la rotation des épaules

	Hommes			Femmes	
Rang-centile	**Catégorie d'âge**		**Rang-centile**	**Catégorie d'âge**	
	18 ans et moins	**19 – 35 ans**		**18 ans et moins**	**19 – 35**
99	6	- 1	99	7	-6
95	39	26	95	20	16
90	47	39	90	27	25
80	53	47	80	37	37
70	58	52	70	41	44
60	61	58	60	49	47
50	65	62	50	53	51
40	67	65	40	56	54
30	72	69	30	59	61
20	76	76	20	64	66
10	85	81	10	69	74
05	88	85	05	71	80
01	104	108	01	83	94

TABLEAU 6.12   Niveau de flexibilité, basé sur les normes du test de la rotation des épaules

Rang-centile	Niveau de condition physique
≥ 81	Excellent
61 – 80	Supérieur à la moyenne
41 – 60	Moyen
21 – 40	Inférieur à la moyenne
≤ 20	Besoin d'amélioration

ACTIVITÉ 3   *Testez votre flexibilité (suite)*

(e) L'étendue du mouvement des épaules

<u>Objectif</u> : Évaluer l'étendue du mouvement des épaules.

<u>Équipement</u> : règle ou ruban à mesurer

<u>Marche à suivre</u> : Avant le début de l'épreuve, les participants doivent s'échauffer. Le participant place le bras dominant derrière le cou, la paume de la main est placée sur le dos, entre les omoplates, et les doigts pointent vers le bas. Ensuite, le participant place l'autre main derrière le dos, la paume vers l'extérieur aussi loin que possible. Avec la main du bras dominant, le participant tente de rejoindre les deux mains le long du dos (figure 6.10a-c).

<u>Pointage</u> : Un partenaire mesure la séparation (en cm) entre les doigts des deux mains.

Figure 6.10a Besoin d'amélioration.   *Figure 6.10b* Moyen.   *Figure 6.10c* Excellent.

<u>Résultats</u> :

Ma **distance** (entre les deux mains) _____ cm   Mon **niveau de performance** : _____
                                                            (d'après le tableau 6.13)

TABLEAU 6.13   Normes (en centimètres) pour l'étendue du mouvement des épaules pour les hommes et les femmes

Distance entre les doigts (en cm)	Niveau de performance
≥ 10	Besoin d'amélioration (figure 6.10a)
5 – 9	Inférieur à la moyenne
0 – 4	Moyen (figure 6.10b)
(-1) – (-5)	Supérieur à la moyenne
≤ -6	Excellent (figure 6.10c)

ACTIVITÉ 3   *Testez votre flexibilité (suite)*

(f) Le test du nageur pour évaluer l'étendue du mouvement des épaules

<u>Objectif</u> : Évaluer l'étendue du mouvement des épaules pour la natation (pour le tennis et volley-ball également).

<u>Équipement</u> :   bâton (de hockey, manche à balai)
règle ou ruban à mesurer

<u>Marche à suivre</u> : Le participant est couché sur le ventre, la poitrine et le menton touchent le sol. Les bras sont étirés vers l'avant à une distance approximative de celle des épaules (figure 6.11a). Dans cette position, le participant tient le bâton dans les deux mains sans plier les poignets ni les coudes et surtout sans lever la tête du sol. Au signal, le participant soulève le bâton aussi loin du sol que possible (figure 6.11b).

<u>Pointage</u> : Un partenaire mesure la distance verticale atteinte au dessus du sol au centimètre près.

<u>Résultats</u> :

Ma **distance** (au dessus du sol) _____ cm

Figure 6.11a   *Position de départ pour le test du nageur.*

Mon **niveau de performance** _____
(tableau 6.14)

Figure 6.11b   *Le bâton est soulevé le plus haut possible du sol.*

TABLEAU 6.14   **Normes (en centimètres) pour l'étendue du mouvement des épaules pour les hommes et les femmes**

Niveau de performance	Distance du sol (en centimètres)	
	Hommes	**Femmes**
Excellent	≥ 55	≥ 48
Supérieur à la moyenne	46 – 54	41 – 47
Moyen	36 – 45	33 – 40
Inférieur à la moyenne	25 – 35	23 – 32
Besoin d'amélioration	≤ 24	≤ 22

ACTIVITÉ 4   Tests d'endurance musculaire

(a) Le redressement assis

Objectif : Déterminer le niveau d'endurance des muscles abdominaux, pelviens et de la cuisse.

Équipement : chronomètre   matelas

Marche à suivre : Le participant est couché sur le dos, les jambes repliées et la plante des pieds au sol écartées à une distance environ de 30 cm ou de la distance des épaules du participant. Les mains sont placées derrière la tête et les doigts croisés. Le partenaire tient les chevilles du participant afin de les maintenir au sol. Au signal, le participant se relève, tourne le tronc et touche un genou avec le coude du bras opposé puis se rallonge. L'exercice continue sans interruption, le redressement du corps est répété plusieurs fois pendant une durée de deux minutes.

Conseils supplémentaires :

- les talons doivent toucher le sol ;
- les doigts, derrière la tête, doivent demeurer croisés ;
- les coudes doivent demeurer sur les côtés et jamais se rapprocher de l'avant ;
- les jambes doivent demeurer pliées ;
- la tête doit retourner à la position originale à chaque coucher sur le sol ; et
- il est recommandé que cet exercice soit exécuté sur un sol souple ou sur un matelas.

Pointage : On compte un point chaque fois que le coude touche le genou. Le score final correspond au montant de points accumulés pendant deux minutes. Pour que le dernier redressement compte, il doit être exécuté au complet. Par exemple, si le participant commence un redressement et qu'il est temps d'arrêter, ce redressement ne sera pas compté.

Résultats :

Mon **nombre de redressements** (complétés pendant deux minutes) _____

Mon **niveau de performance** _____ (d'après le tableau 6.15)

TABLEAU 6.15   Normes (nombre de répétitions) pour le test des redressements assis

Niveau de performance	Âge et sexe			
	13 Hommes	14 Hommes	15+ Femmes	13+ Femmes
Excellent	≥ 98	≥ 100	≥ 103	≥ 93
Supérieur à la moyenne	87 – 97	90 – 99	92 – 102	83 – 92
Moyen	73 – 86	76 – 89	80 – 91	71 – 82
Inférieur à la moyenne	55 – 72	58 – 75	61 – 79	54 - 70
Besoin d'amélioration	≤ 54	≤ 57	≤ 60	≤ 53

ACTIVITÉ 4   *Tests d'endurance musculaire (suite)*

(b) Les pompes

<u>Objectif</u> : Mesurer le niveau d'endurance des muscles des bras et de la ceinture scapulaire.

<u>Équipement</u> : matelas (optionel)

<u>Marche à suivre</u> : Pour les hommes, la pompe standard est exécutée le corps droit, les mains placées sur le sol à une distance des épaules (figure 6.12a). Une pompe est considérée complète lorsque le participant abaisse son corps jusqu'à ce que son nez ou menton touche le sol puis se relève jusqu'à ce que les bras soient tendus. Le participant doit exécuter le plus grand nombre de pompes possibles sans interruption.

Pour les femmes, une pompe modifiée est exécutée les genoux pliés à angle droit et les mains placées sur le sol à une distance des épaules (figure 6.12b). La participante doit abaisser son corps jusqu'à ce que son nez ou son menton touche le sol puis se relève jusqu'à ce les bras soient tendus. La participante doit exécuter le plus grand nombre de pompes possibles sans interruption.

<u>Conseils supplémentaires</u> :

- le compte est arrêté lorsque le participant s'arrête ;
- le test n'est pas compté si le nez ou le menton du participant ne touche pas le sol ou si les bras ne sont pas complètement tendus ;
- le corps ne devrait pas s'affaisser ni se courber mais demeurer droit pendant toute l'épreuve ; et
- il est recommandé que cette épreuve soit exécutée sur un matelas ou sur un sol souple.

Figure 6.12a *Pompe standard.*

<u>Pointage</u> : Le score correspond au nombre de pompes exécutées de façon convenable sans avoir modifié la position du corps ou s'être arrêté. Référez-vous au tableau 6.16 pour déterminer votre niveau de performance.

<u>Résultats</u> :

Mon **nombre de pompes** _____

Mon **niveau de performance** _____ (d'après le tableau 6.16)

Figure 6.12b *Pompe modifiée.*

TABLEAU 6.16   Normes (nombre de pompes) pour les hommes et femmes pour le test de la pompe

Niveau de performance	Nombre de pompes	
	Hommes (15 – 29 ans)	**Femmes (15 – 29 ans)**
Excellent	50+	45+
Supérieur à la moyenne	40 – 49	30 – 44
Moyen	30 – 39	20 – 29
Inférieur à la moyenne	20 – 29	10 – 19
Besoin d'amélioration	0 – 19	0 – 9

ACTIVITÉ 5   Tests de puissance musculaire

(a) Le sprint de 30 m

<u>Objectif</u> : Mesurer l'habileté et la puissance d'un sprint.

<u>Équipement</u> : chronomètre

<u>Étapes préparatoires</u> : Préparez un trajet droit de 30 m avec un point de départ et une fin clairement indiqués.

<u>Marche à suivre</u> : Le participant se place derrière la ligne de départ avec un pied sur la ligne. Au signal, le participant débute le sprint à une vitesse maximale jusqu'à la fin.

<u>Pointage</u> : Le participant a droit à deux essais et le meilleur temps (au dixième de seconde près) est inscrit au tableau des résultats.

<u>Résultats</u> :

Test 1 _____ sec

Test 2 _____ sec

Mon **meilleur score** _____ sec

Mon **niveau de performance** _____ (d'après le tableau 6.17)

TABLEAU 6.17   Normes (en secondes) pour le sprint de 30 m

Niveau de performance		Âge (années)				
		14 / 13	15 / 14	16 / 15	17 / 16+	18 / —
Excellent	(hommes)	≤ 4,35	≤ 4,24	≤ 4,12	≤ 4,08	≤ 4,04
	(femmes)	≤ 4,73	≤ 4,60	≤ 4,50	≤ 4,42	—
Supérieur à la moyenne	(hommes)	4,36 - 4,53	4,25 - 4,39	4,13 - 4,25	4,09 - 4,20	4,05 - 4,15
	(femmes)	4,74 - 4,90	4,61 - 4,77	4,51 - 4,66	4,43 - 4,58	—
Moyen	(hommes)	4,54 - 4,76	4,40 - 4,60	4,26 - 4,45	4,21 - 4,37	4,16 - 4,30
	(femmes)	4,91 - 5,16	4,78 - 5,01	4,67 - 4,89	4,59 - 4,80	—
Inférieur à la moyenne	(hommes)	4,77 - 5,18	4,61 - 4,98	4,46 - 4,79	4,38 - 4,66	4,31 - 4,57
	(femmes)	5,17 - 5,62	5,02 - 5,43	4,90 - 5,33	4,81 - 5,20	—
Besoin d'amélioration	(hommes)	≥ 5,19	≥ 4,99	≥ 4,80	≥ 4,67	≥ 4,58
	(femmes)	≥ 5,63	≥ 5,44	≥ 5,34	≥ 5,21	—

ACTIVITÉ 5 *Tests de puissance musculaire (suite)*

(b) Le saut en longueur explosif

<u>Objectif</u> : Mesurer la distance d'un saut en longueur à partir d'un point fixe pour mesurer la puissance explosive d'un saut.

<u>Équipement</u> : ruban à mesurer
craie ou ruban à masquer

<u>Étapes préparatoires</u> : Choisissez un endroit propice pour ce genre d'exercice. Fixez un ruban à mesurer au sol afin de mesurer la distance parcourue par le participant. Vérifier que le zéro, sur le ruban à mesurer, soit bien aligné avec la ligne de départ.

<u>Marche à suivre</u> : Le participant se place debout derrière la ligne de départ avec les pieds placés à une distance égale à celle des épaules. Le participant plie les genoux puis balance ses bras en préparation pour le saut (figure 6.13).

Lorsque le participant se sent prêt pour sauter, les hanches, les genoux et les chevilles forme une unité qui se relève de la position accroupie pendant que les bras se lancent vers l'avant. Le tronc devrait pencher légèrement vers l'avant au moment du saut afin de déplacer le centre de gravité vers le haut et vers l'avant.

Aucun bond ou pas supplémentaire ne sont permis avant le saut. Les deux pieds doivent demeurer derrière la ligne de départ. Pour réussir ce saut, il est recommandé de bien coordonner toutes les parties du corps lors du saut.

<u>Pointage</u> : La mesure du saut correspond à la distance entre le point de départ et le point d'atterrissage (marque où la cheville ou une autre partie du corps touche le sol). Le partenaire doit marquer rapidement le point d'atterrissage avec une craie ou un ruban à masquer puis prendre la mesure. Chaque participant a droit à trois essais. La plus longue distance est retenue pour le score final.

<u>Résultats</u> :

Test 1 _____ cm   Test 2 _____ cm   Test 3 _____ cm

Mon **score** _____ cm

Mon **niveau de performance** _____ (tableau 6.18)

<u>*NOTE*</u> : Pour cette épreuve, un matelas est aujourd'hui disponible (Sports Books Publisher, Toronto, Canada) ; ce matelas rend les prises de mesures plus faciles à réaliser (figure 6.14). Le matelas en caoutchouc élimine le besoin de fixer un ruban à mesurer au sol et l'estimation des mesures est plus fiable grâce aux mesures imprimées directement sur le matelas. Le matériel fournit une excellente prise pour le départ et amortit plus efficacement l'atterrissage, réduisant ainsi le risque de glissements et de blessures.

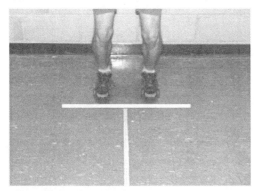

Figure 6.13 *Test traditionnel du saut en longueur explosif.*

Figure 6.14 *Nouveau test du saut en longueur explosif.*

ACTIVITÉ 5   *Tests de puissance musculaire (suite)*

TABLEAU 6.18   **Normes (en centimètres) pour le saut en longueur explosif**

Niveau de performance	Hommes			Femmes		
	Âge (années)			Âge (années)		
	15	16	17+	15	16	17+
Excellent	217 – 235	228 – 244	235 – 255	185 – 204	190 – 208	193 – 208
Supérieur à la moyenne	206 – 216	217 – 227	223 – 234	173 – 184	177 – 189	178 – 192
Moyen	195 – 205	207 – 216	214 – 222	163 – 172	166 – 176	170 – 177
Inférieur à la moyenne	176 – 194	196 – 206	200 – 213	150 – 162	153 – 165	157 – 169
Besoin d'amélioration	131 - 175	169 - 195	168 - 199	124 – 149	121 - 152	128 - 156

(c) Le saut en hauteur explosif (le saut du sergent)

<u>Objectif</u> : Sauter la plus grande distance verticale afin de mesurer la puissance explosive des jambes.

<u>Équipement</u> :   ruban à mesurer ou mètre   craie
           mur avec surface lisse (d'une hauteur d'au moins 3,5 m)

<u>Étapes préparatoires</u> : Choisissez un endroit propice pour administrer cette épreuve. Vous aurez besoin d'un endroit avec un mur lisse d'une hauteur d'au moins 3,5 m.

<u>Marche à suivre</u> : Le participant se place droit, se tient de côté et parallèle au mur (distance du coude). Pour calculer cette distance, placez la main sur la hanche. Avec la main du côté du mur, s'étirer le plus possible vers le haut, les talons toujours collés au sol. Faire une marque à cette distance (figure 6.15a). Le participant saute ensuite aussi haut que possible puis fait une deuxième marque à la hauteur maximale du saut (figure 6.15b).

Il est important de plier les chevilles, les genoux et les hanches avant de sauter. Aucun bond ou pas supplémentaire ne sont permis avant le saut.

<u>Pointage</u> : La hauteur du saut est déterminée en soustrayant les deux marques : marque au repos et marque après le saut en hauteur (au demi-centimètre près). La fiabilité et la validité du test peuvent être améliorées en permettant aux participants de pratiquer le saut jusqu'à ce qu'il soit exécuté correctement. Les participants ont droit à trois essais et le meilleur score est inscrit au tableau des résultats.

Figure 6.15 *Le saut en hauteur traditionnel : (a) Position de départ ; (b) Marquage après saut en hauteur.*

ACTIVITÉ 5   *Tests de puissance musculaire (suite)*

<u>Résultats</u> :

Hauteur au repos _____ cm

Test 1 _____ cm - (hauteur au repos) = _____ cm   Test 2 _____ cm - (hauteur au repos) = _____ cm

Test 3 _____ cm - (hauteur au repos) = _____ cm

Mon **meilleur score** _____ cm

Mon **niveau de performance** _____ (d'après le tableau 6.19)

<u>NOTE</u> : Pour cet exercice, un matelas est aujourd'hui disponible (Sport Books Publisher, Toronto, Canada) pour simplifier l'administration de cette épreuve. Ce qui distingue cet article est le ruban à mesurer que l'on attache à la taille du participant et qui est relié à un dispositif qui est fixé au matelas. Ce dispositif permet d'ajuster la position au repos et s'ajuste automatiquement pour la hauteur maximale du saut avec une résistance minimale (figure 6.16a-c).

Figure 6.16 *Nouveau saut du Sergeant : (a) Ajustez la ceinture ; (b) "Prêt !" ; (c) "Sautez !"*

TABLEAU 6.19   Normes (en centimètres) pour le test du saut en hauteur

Niveau de performance	Hommes			Femmes
	Âge (années)			Âge (années)
	15	**16**	**17+**	**15+**
Excellent	≥ 53,5	≥ 55,5	≥ 60,5	≥ 42,5
Supérieur à la moyenne	46,5 – 53,0	48,5 – 55,0	52,5 – 60,0	36,5 – 42,0
Moyen	42,5 – 46,0	45,5 – 48,0	48,5 – 52,0	32,5 – 36,0
Inférieur à la moyenne	37,5 – 42,0	40,5 – 45,0	43,5 – 48,0	28,5 – 32,0
Besoin d'amélioration	≤ 37,0	≤ 40,0	≤ 43,0	≤ 28,0

PERFORMANCE HUMAINE

LE LIEN NUTRITIONNEL

Les activités de ce chapitre ont été proposées par Ron Wakelin, University of Toronto Schools (UTS)

 ## CHAPITRE SEPT   ACTIVITÉS ET TRAVAUX PRATIQUES

1   Classification des aliments   *7–3*

2   Inventaire des aliments   *7–4*

3   Quiz : Les aliments et leurs effets sur le corps   *7–5*

4   Conseils pour prendre ou perdre du poids   *7–6*

5   Liste des aliments préférés   *7–8*

6   Mon dossier alimentaire   *7–9*

7   Ressources sur le Web   *7–10*

8   Surveillez vos habitudes alimentaires   *7–11*

9   Calcul de l'indice de masse corporelle   *7–12*

ACTIVITÉ 1   Classification des aliments

Classez chacun des aliments ci-dessous en inscrivant un crochet (✓) dans la ou les colonnes appropriées.

Aliment	Les produits laitiers	Les viandes et substituts	Les légumes et les fruits	Les produits céréaliers	Autres
1. Lait frappé au chocolat					
2. Pomme de terre					
3. Oeuf					
4. Cheeseburger					
5. Café					
6. Muffin au son					
7. Confiture de fraises					
8. Granola					
9. Haricots verts					
10. Biscuit à l'avoine					
11. Tablette de chocolat					
12. Riz					
13. Crème glacée					
14. Beurre d'arachide					
15. Croustilles					
16. Beignet					
17. Haricots blancs cuits					
18. Boisson gazeuse					
19. Macaroni et fromage					
20. Miel					
21. Sandwich au thon					
22. Pudding au chocolat					
23. Pizza					
24. Beurre					
25. Jell-O à l'orange					

ACTIVITÉ 2   Inventaire des aliments

Inventaire alimentaire

Dans la grille, inscrire tout ce que vous avez mangé durant les deux derniers jours. Ne rien omettre. Inscrivez un crochet (√) dans les colonnes appropriées en utilisant les codes suivants :

S   Aliments consommés lorsque vous étiez seul
+   Aliments riches en éléments nutritifs
V   Aliments vides « Junk food » (riches en calories, faibles en éléments nutritifs)
AM   Aliments consommés avant midi
5   Aliments que vous n'auriez pas consommés il y a cinq ans
TV   Aliments consommés devant la télévision
E   Aliments consommés à l'extérieur des repas réguliers
*   Trois aliments préférés
M   Aliments dont vous avez vu une annonce publicitaire dans les médias
T   Aliments que vous aimeriez laisser tomber

Inventaire alimentaire	S	+	V	AM	5	TV	E	*	M	T

Étudiez les données recueillies et essayez de déterminer des tendances alimentaires. Par exemple, mangez-vous surtout lorsque vous êtes seul ? Les aliments que vous consommez à l'extérieur des repas réguliers sont-ils de la nourriture vide ? Après avoir révisé la grille, complétez les affirmations suivantes.

Dans cet exercice, j'ai appris que…

_____

_____

Je peux améliorer mes habitudes alimentaires en …

_____

_____

ACTIVITÉ 3 Quiz : Les aliments et leurs effets sur le corps

Apposer un (**X**) à côté de **VRAI** ou **FAUX** en guise de réponse à chaque question.

1. Sauter le petit-déjeuner est une façon efficace de suivre un régime amaigrissant.

   VRAI _____ FAUX _____

2. Manger cinq petits repas par jour au lieu de trois gros repas ne nuit pas à la santé.

   VRAI _____ FAUX _____

3. Les goûters sont des repas qui contiennent peu ou aucune valeur nutritive.

   VRAI _____ FAUX _____

4. On peut obtenir des protéines complètes en combinant des aliments autres que les viandes.

   VRAI _____ FAUX _____

5. Il faut plus d'une heure de marche pour « brûler » un goûter composé de 20 croustilles et d'une boisson gazeuse.

   VRAI _____ FAUX _____

6. Les matières grasses sont les aliments qui produisent le plus d'énergie par gramme.

   VRAI _____ FAUX _____

7. Les suppléments alimentaires offrent de nombreux avantages aux consommateurs.

   VRAI _____ FAUX _____

8. Les vitamines sont détruites lorsqu'on cuit trop longtemps les aliments.

   VRAI _____ FAUX _____

9. Le pain blanc et le pain brun possèdent la même valeur nutritionnelle.

   VRAI _____ FAUX _____

10. Aucun élément nutritif n'est perdu lorsqu'on congèle, met en conserve ou fume des aliments.

   VRAI _____ FAUX _____

ACTIVITÉ 4   Conseils pour prendre ou perdre du poids

Conseils pour prendre ou perdre du poids

Lorsqu'un individu tombe malade, il a souvent recours au médecin pour améliorer son état de santé. Dans cet exemple, on vous demande de donner conseils dans deux situations différentes. Lisez attentivement chacun des cas afin de bien comprendre le ou les problèmes auxquels l'individu fait face. Ensuite, choisissez trois moyens de régler le problème parmi la liste ci-dessous. Classez vos trois suggestions par ordre d'importance ; (1) conseil le plus important et (3) le moins important.

- consulter un médecin
- réduire la consommation de cigarettes
- augmenter la consommation d'aliments
- visiter un centre de culture physique
- s'interroger sur son alimentation quotidienne
- augmenter les exercices de musculation
- passer moins de temps devant la télévision

- augmenter l'activité physique
- faire de nouvelles activités qui permettront de faire de nouvelles connaissances
- diminuer la consommation d'aliments
- diminuer l'activité physique
- discuter avec ses parents
- discuter avec un enseignant en éducation physique

1er cas

Angèle, âgée de 15 ans, vient tout juste de déménager dans le quartier. Elle a de la difficulté à se faire des amis. Chaque jour lorsqu'elle rentre de l'école, elle allume la télévision et fouille dans les armoires jusqu'à ce qu'elle trouve des croustilles et des boissons gazeuses.

Angèle essaie de cacher son embonpoint en portant des chandails trop grands et se trouve des excuses pour ne pas participer aux cours d'éducation physique. Elle ne se sent pas bien du tout dans sa peau.

Que suggériez-vous à Angèle ?

Moyens de régler le problème :

1. _____

2. _____

3. _____

Justifiez votre choix de solutions : _____

_____

_____

_____

_____

ACTIVITÉ 4   *Conseils pour prendre ou perdre du poids (suite)*

2ᵉ cas

Quand Serge a quitté l'école élémentaire pour entrer en neuvième année, il avait hâte de faire partie de l'équipe de football. Après avoir suivi un entraînement tout l'été, il se croyait être en bonne forme.

Après la première séance d'entraînement, il s'est senti déprimé lorsque l'entraîneur lui a dit qu'il était trop léger pour faire partie de l'équipe. Serge n'avait pas pensé que son poids poserait un problème. Il décida de prendre les mesures nécessaires pour faire partie de l'équipe en 10ᵉ année.

Comment Serge peut-il augmenter son poids ?

<u>Moyens de régler le problème</u> :

1. _____

2. _____

3. _____

Justifiez votre choix de solutions : _____

_____

_____

_____

_____

ACTIVITÉ 5   Liste des aliments préférés

Parcourez les listes d'aliments ci-dessous et encerclez tous ceux que vous avez consommés durant les sept derniers jours. Ajoutez les aliments manquants à cette liste. Relisez la liste une seconde fois et barrez les aliments que vous consommez rarement ou jamais.

Légumes et fruits	Viandes et substituts	Produits laitiers	Produits céréaliers
Bananes	Agneau	Beurre	Beignets
Betteraves	Bacon	Crème	Biscuits
Carottes	Beurre d'arachide	Crème glacée	Céréales cuites
Chou	Côte de porc	Fromage	Céréales sèches
Courges	Dinde	Lait	Craquelins
Épinards	Fromage de soja	Lait frappé	Croustilles à base de maïs
Fruits rouges	Hamburgers	Margarine*	Gâteau
Haricots	Haricots blancs cuits	Oeufs	Muffins
Laitue	Jambon	Yogourt	Nouilles
Maïs	Noix		Pain au blé entier
Oignons	Poisson		Pain blanc
Oranges	Poulet		Pain de seigle
Pamplemousse	Rôti de boeuf		Petits pains
Pêches	Salami		Riz
Pommes	Saucisses		Tarte
Pommes de terre	Soupe aux pois		
Tomates	Veau		

* La margarine n'est pas un produit laitier, mais elle est incluse dans la liste car elle remplace souvent le beurre.

1. Les aliments que vous aimés sont-ils bien répartis dans les quatre groupes d'aliments ? Si non, quels aliments devriez-vous rajouter à votre alimentation ?

2. Comparez votre liste à celle d'un camarade de classe.

   (a) Y a-t-il de grandes différences entre les deux listes ?
   (b) Comment pouvez-vous expliquer ces différences ?
   (c) Laquelle des deux listes vous semble la plus équilibrée ?
       Pourquoi ?

ACTIVITÉ 6   Mon dossier alimentaire

Ma grille de pointage alimentaire

Comptez **1** point pour chaque **OUI**.

AVEZ-VOUS :	JOUR 1	JOUR 2	JOUR 3
Mangé au moins...			
trois aliments du groupe des produits laitiers ?			
deux aliments du groupe des viandes et substituts ?			
trois aliments du groupe des produits céréaliers ?			
quatre aliments du groupe des légumes et fruits ?			
Au moins deux légumes ?			
Un aliment à grains entiers ?			
Une variété d'aliments dans chacun des 4 groupes ?			
Un petit-déjeuner nutritif ?			
À intervalles réguliers pendant la journée ?			
En général des collations nutritives ?			
POINTAGE TOTAL (maximum 10 points)			

OÙ VOUS SITUEZ-VOUS ?

10	**EXCELLENT**	Félicitations ! Excellent signifie que vous choisissez sagement vos aliments. Continuez le beau travail !
8 - 9	**BON**	Vous avez une bonne compréhension des bases nécessaires à une alimentation équilibrée. En apportant quelques changements à votre régime alimentaire, vous pourriez accéder à la catégorie « Excellent ».
5 - 7	**ACCEPTABLE**	Vous pourriez faire de meilleurs choix en terme d'alimentation. Révisez votre grille de pointage pour identifier où des changements s'imposent.
≤ 4	**À RISQUE**	Vous courez de grands risques avec votre alimentation actuelle. Commencez à changer vos habitudes alimentaires en choisissant des aliments selon les recommandations du guide alimentaire.

ACTIVITÉ 7   Ressources sur le Web

Avec un ou deux camarades de classe, visitez deux sites Internet dans la liste ci-dessous (un à l'intention des adultes et l'autre destiné aux jeunes). Préparez une brève présentation orale afin d'expliquer aux autres élèves les résultats de vos recherches.

Adultes

Services de santé d'Ottawa – **http://ottawa.ca/city_services/yourhealth/28_0_fr.shml**

Les diététistes du Canada – **www.dietitians.ca**

Santé Canada – **www.hc-sc.gc.ca**

Réseau canadien de la santé – **www.canadian-health-network.ca**

Fondation des maladies du cœur – **www.fmcoeur.ca**

Société canadienne du cancer – **www.cancer.ca**

Breakfast for learning – **www.breakfastforlearning.ca**

Nutrition News Focus – **www.nutritionnewsfocus.com**

Nutrition Navigator – **http://navigator.tufts.edu**

American Dietetic Association – **www.eatright.org**

Healthy Fridge – **www.healthyfridge.org**

Food and Nutrition Information Centre – **www.nal.usda.gov/fnic**

Jeunes

Kids Food Cyber Club – **www.kidfood.org**
Site éducatif sur l'alimentation des enfants. Un guide téléchargeable et gratuit ainsi qu'un plan de leçon détaillé à l'intention de l'enseignant y sont inclus.

Kids Health – **www.kidshealth.org**
Informations sur la nutrition et la santé des enfants. Site fait sur mesure pour ce groupe d'âge. Des conseils à l'intention des parents sont aussi inclus.

Nutrition Café – **www.exhibits.pacsci.org/nutrition**
Site éducatif interactif et amusant pour enfants.

Nutrition Expedition – **www.fsci.umn.edu/nutrexp**
Site éducatif interactif et amusant sur la nutrition pour enfants plus âgés. On y aborde les questions d'alimentation saine et d'image corporelle. Le site inclut aussi des renseignements utiles aux enseignants.

ACTIVITÉ 8   Surveillez vos habitudes alimentaires

Êtes-vous au courant de ce que vous consommez ?

Vous trouverez ci-dessous des ingrédients mentionnés sur les étiquettes de quatre aliments choisis. Faites la lecture des ingrédients et décidez de quel aliment il s'agit.

1re étiquette

Glucose, farine, sucre, amidon, huile végétale, matières grasses (peut contenir de l'huile de palme),
sel, sorbitol, arôme artificiel,
acide citrique, sorbate de potassium.

Le produit en question est :

Une préparation pour tarte au citron ?
Une glace à l'eau ?
Un bonbon au caramel ?
Une réglisse rouge ?

2e étiquette

Sucres (glucose, fructose), eau sucrée, matières grasses végétales, graines de coton et/ou huile de palme, oeufs entiers, farine, cacao, sel, arômes artificiels, concentré de protéine de soja, agar-agar, carbonate d'ammonium, polysorbate 60, lécithine, gomme xanthane, caroube, esters de polyglycérol d'acide gras, colorants.

Le produit en question est :

Une crème glacée à la vanille ?
Un pudding au chocolat ?
Un éclair au chocolat ?
Réel ?

3e étiquette

Sirop de maïs, sucre, eau, amidon de maïs, gélatine, saveur artificielle, hexamétaphosphate de sodium.

Le produit en question est :

Une tablette de chocolat ?
Des biscuits Aero ?
Une glace à la crème ?
Une guimauve ?
Utile pour faire disparaître les tâches sur les jeans ?

4e étiquette

Sucre (peut contenir du dextrose), farine enrichie, matières grasses, huile de coco, amidon de cacao, glucose, sel, lactosérum en poudre, caséinate de sodium, bicarbonate de soude, lécithine de soja, arôme artificiel.

Le produit en question est :

Des céréales sucrées de type « Sugar Pops » ?
Des biscuits Oreo ?
Des « Pop Tarts » ?
Nutritif ?

Avec quel degré d'exactitude avez-vous réussi à identifier les produits ?

Trouvez d'autres exemples d'étiquettes et demandez à vos camarades de déterminer le produit à partir de la liste d'ingrédients. Le ou les élèves qui identifient correctement le produit remportent celui-ci comme récompense.

ACTIVITÉ 9   Calcul de votre indice de masse corporelle (IMC)

En quoi consiste l'IMC ?

L'**indice de masse corporelle (IMC)** permet de calculer le poids idéal d'un individu en bonne santé en utilisant son poids et sa taille. Toutefois, le calcul de l'IMC est généralement réservé aux hommes et femmes âgés entre 20 et 65 ans et n'est pas de grande utilité pour les bébés, les enfants, les adolescents, les femmes enceintes, ni pour les individus de forte musculature, tels les athlètes. L'IMC est calculé en divisant le poids de l'individu (en kg) par la taille (en mètres carrés) :

$$\text{IMC} = \text{poids (kg)/taille (m)}^2$$

Par exemple, une personne qui mesure 160 cm et pèse 60 kg aurait un IMC de 23,4 kg/m^2 [60 kg/(1,6 m)^2 = 60/2,56 = 23,4 kg/m^2]. Une fois l'IMC calculé, se référer au tableau ci-dessous pour connaître la masse corporelle idéale. Pour en connaître davantage sur l'IMC, consulter le manuel aux pages 304 à 306.

Mon **IMC** = _____

Classification	Hommes	Femmes
Poids insuffisant	< 20,7	< 19,1
Poids acceptable	20,7 – 27,8	19,1 – 27,3
Obèse	> 27,8	> 27,3
Très obèse	31,1	32,3
Obésité dangereuse	45,4	44,8

Mon **statut** = _____ (tiré du tableau)

De plus, un **nomogramme** spécialement conçu pour vous (voir page suivante) peut aussi être utilisé pour déterminer votre IMC. Premièrement, trouvez votre poids corporel et faites une marque sur l'échelle de gauche à l'endroit approprié (en kg ou en livres) et faites de même pour votre taille (en cm ou en pouces) sur l'échelle de droite. Ensuite, il s'agit simplement de relier d'une ligne droite ces deux points. Votre IMC (en unités métriques) se situe où la ligne que vous avez tracée intersecte avec l'échelle au centre. L'indice de risque associé avec votre IMC se retrouve de chaque côté de cette dernière échelle.

Mon **IMC (tiré du nomogramme)** = _____

Le risque que je développe des problèmes de santé (tiré du nomogramme) = _____

La valeur et l'indice de risque obtenus avec les deux méthodes sont-ils pareils ?

ACTIVITÉ 9 *Calcul de votre indice de masse corporelle (IMC) (suite)*

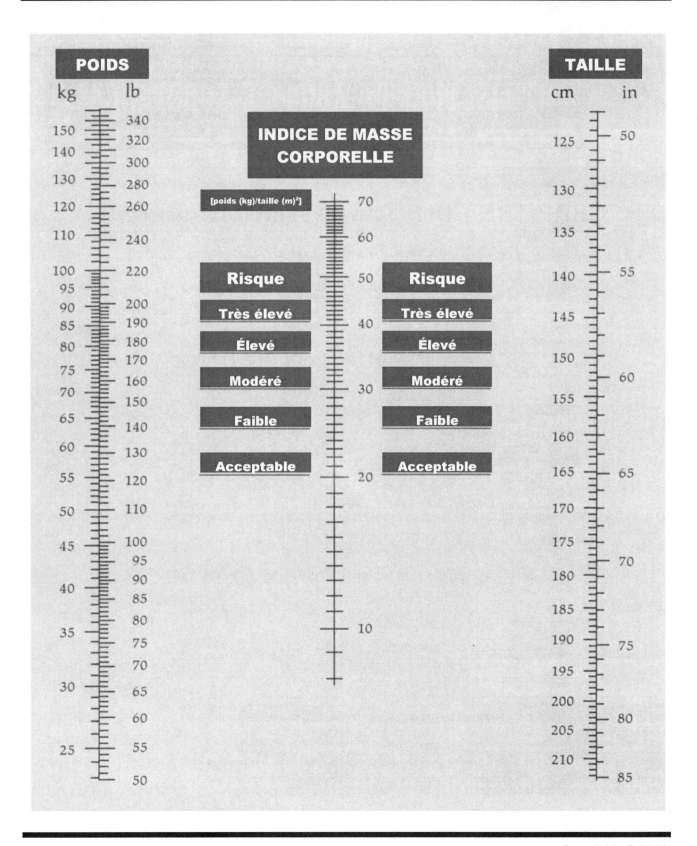

PERFORMANCE HUMAINE

UTILISATION ET ABUS DE SUBSTANCES

CHAPITRE HUIT   ACTIVITÉS ET TRAVAUX PRATIQUES

 1   Reconnaître les compléments alimentaires   *8–3*

 2   Question de société : comment arrête-t-on de fumer ?   *8–3*

 3   Créatine : l'utiliser ou l'oublier ?   *8–3*

 4   Gagner à tout prix   *8–4*

 5   Se surpasser en sport sans utiliser de drogues   *8–4*

 6   Pris en flagrant délit   *8–4*

 7   Qu'avez-vous retenu ?   *8–5*

ACTIVITÉ 1   Reconnaître les compléments alimentaires

Reliez chaque drogue ou complément alimentaire dans la colonne de gauche ci- dessous à la description qui lui correspond dans la colonne de droite. Un exemple vous est déjà donné.

Drogue ou complément	**Description**
Insuline	Acide aminé qui augmente la fonction des systèmes immunitaires et intestinaux
Ephédra	Hormone sécrétée par la glande pituitaire qui contrôle la croissance des tissus et des muscles
Hormone de croissance	Hormone qui facilite l'entrée des glucoses dans les cellules
Protéine de petit lait	Extrait d'une plante chinoise, appelée Ma Huang
Érythropoïétine	Type de nutriment présent dans le lait
Glutamine	Hormone synthétique qui augmente la production de globules rouges
Methyl-sulfonylmethane (MSM)	Possède des propriétés anti-inflammatoires mais aucun effet secondaire connu

ACTIVITÉ 2   Question de société : comment arrête-t-on de fumer ?

Effectuez une recherche sur les méthodes les plus courantes ou les plus populaires utilisées pour arrêter de fumer. Si vous connaissez quelqu'un qui essaie d'arrêter, partagez les résultats de vos recherches avec cette personne.

ACTIVITÉ 3   Créatine : l'utiliser ou l'oublier ?

Vous êtes l'entraîneur d'une équipe de base-ball. Un des joueurs vient vous parler de son désir de prendre de la créatine afin d'améliorer sa performance sportive. Effectuez une recherche sur les bénéfices et les risques liés à la prise de créatine et décrivez les conseils que vous pourriez donner à ce joueur.

ACTIVITÉ 4   Gagner à tout prix

En groupe de 4 ou 5, discutez de la pression présente dans les sports pour toujours se surpasser ; un phénomène qui amène certains athlètes à utiliser des drogues pour améliorer leurs performances. Trouvez ensuite un plan ou une stratégie qui permettrait de contrer ces pressions. Enfin, présentez vos résultats devant la classe.

ACTIVITÉ 5   Se surpasser en sport sans utiliser de drogues

En petits groupes, étudiez la question « est-il possible d'exceller en sport sans avoir recours aux compléments alimentaires ? ». Vous devrez choisir d'analyser cette question selon le point de vue que vous adopterez.

ACTIVITÉ 6   Pris en flagrant délit

Effectuez une recherche sur un athlète qui a testé positif suite à la prise de substances ou d'aides ergogéniques. En un résumé d'une page, faites un compte-rendu sur la substance ou la méthode utilisée et sur la façon dont ce test, qui s'est révélé positif, a eu un impact sur la vie de l'athlète. Ci dessous, une courte liste d'athlètes pour vous aider à commencer votre recherche.

Athlète	Sport	Substances	Impact
C.J. Hunter	Athlétisme	_____	_____
Merlene Ottey	Athlétisme	_____	_____
Linford Christie	Athlétisme	_____	_____
Kelly Guest	Triathlon	_____	_____
Silken Laumann	Aviron	_____	_____
Damon Stoudamire	Basket-ball	_____	_____
Theo Fleury	Hockey	_____	_____
Steve Vezina	Roller – Hockey	_____	_____
Diego Maradona	Football	_____	_____
Brett Favre	Football	_____	_____
Ross Rebagliati	Snowboard	_____	_____
Michelle Smith	Natation	_____	_____
Larissa Lazutina	Ski de fond	_____	_____
Ivan Ivanov	Haltérophilie	_____	_____

ACTIVITÉ 7   Qu'avez-vous retenu ?

Pour chacune des déclarations, indiquez si elles sont VRAIES (**V**) ou FAUSSES (**F**) dans les espaces prévus à cet effet.

1. L'alcool n'est pas considéré être une drogue. _____

2. La caféine est un diurétique. _____

3. 12 onces de bière équivaut à 5 onces de vin. _____

4. Plus de 45 000 personnes meurent chaque année au Canada à cause de la cigarette. _____

5. Les stéroïdes anabolisants ressemblent à l'œstrogène, l'hormone sexuelle mâle. _____

6. La surcharge glucidique accroît le taux de glycogène du muscle. _____

7. Il n'y a pas d'effet secondaire associé à la beta-hydroxyl beta-methylbutyrate (HMB). _____

8. La rétention d'eau et l'hypertension sont les principaux effets secondaires de la prise de stéroïdes anabolisants . _____

PERFORMANCE HUMAINE

PSYCHOLOGIE SPORTIVE

CHAPITRE NEUF   ACTIVITÉS ET TRAVAUX PRATIQUES

1   Mon athlète favori   *9–3*

2   Entretien avec un athlète   *9–3*

3   Entretien avec un non-athlète   *9–3*

4   Techniques de relaxation   *9–4*

5   Présence d'un public : aide ou gêne ?   *9–4*

ACTIVITÉ 1   Mon athlète favori

Comme travail personnel, faites le portrait de la personnalité de votre athlète favori. Quels traits de caractère cette personne possède-t-elle pour être si spéciale à vos yeux ?

ACTIVITÉ 2   Entretien avec un athlète

Avec un ami, entretenez-vous avec un athlète confirmé dans votre lycée. Demandez-lui de décrire les facteurs qui le motivent pour réussir et se surpasser dans son sport. Faites part des résultats de vos recherches à la classe.

ACTIVITÉ 3   Entretien avec un non-athlète

Pareillement à l'activité précédente, avec un ami, entretenez-vous avec un élève qui ne pratique ni sport, ni exercice. Demandez-lui les raisons de son inactivité. Là encore, faites part des résultats de vos recherches à la classe.

ACTIVITÉ 4 Techniques de relaxation

 Avec deux ou trois amis, naviguez sur Internet ou effectuez des recherches à la bibliothèque à propos des techniques de relaxation populaires. Quelles sont les techniques qui vous paraissent les plus efficaces, et quel est le meilleur moment pour les mettre en pratique ? Invitez vos camarades de classe à essayer une ou deux techniques. Recueillez leurs expériences et partagez les résultats de vos recherches avec eux.

 ACTIVITÉ 5 Présence d'un public : aide ou gêne

En petits groupes, débattez de quel genre de public pourrait vous aider à mieux réussir, ou au contraire à faire une contre-performance, lors d'un événement sportif. En quoi les résultats de votre groupe de discussion diffèrent-ils de ceux des recherches présentées dans votre manuel de cours ?

NOTES :

DÉVELOPPEMENT MOTEUR

CROISSANCE ET DÉVELOPPEMENT

CHAPITRE DIX   ACTIVITÉS ET TRAVAUX PRATIQUES

 1   Sondage sur l'inactivité physique   *10–3*

 2   Importance de l'exercice physique   *10–3*

 3   Entraînement efficace pour les jeunes   *10–3*

 4   Rapport sur les pauses récréatives à l'école   *10–4*

 5   Diagramme chronologique du développement   *10–4*

ACTIVITÉ 1 Sondage sur l'inactivité physique

Identifiez des personnes qui, dans votre école, n'aiment pas pratiquer des activités physiques. Interrogez-les pour savoir ce que leur(s) parent(s)/tuteur(s) pensent de l'activité physique en général. Demandez-leur s'ils ont été encouragés à être actifs durant leur enfance, et quels types d'activité leurs amis pratiquent. En vous appuyant sur vos recherches, rédigez un résumé sur les facteurs qui influencent le degré d'activité des jeunes.

ACTIVITÉ 2 Importance de l'exercice physique

Faites un panneau à afficher dans la salle de classe qui souligne l'importance de l'exercice pour la croissance et le développement. Utilisez des images, des graphiques, des articles, ou tout ce que vous pouvez trouver et qui traite de la composition du corps, de la souplesse, de la force musculaire, de la santé cardio-vasculaire, du bien-être et de la réussite scolaire.

 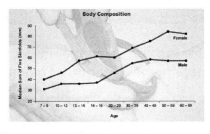  

ACTIVITÉ 3 Entraînement efficace pour les jeunes

Devenez un entraîneur adjoint bénévole dans votre école ou dans une école de votre quartier. Renseignez-vous sur les techniques d'entraînement efficaces utilisées, et combinez ces informations avec les résultats de vos recherches précédentes afin de rédiger un guide concis sur les meilleures méthodes d'entraînement à suivre avec des enfants ou des jeunes.

ACTIVITÉ 4   Rapport sur les pauses récréatives à l'école

Observez les enfants d'une école élémentaire de quartier pendant leur pause-repas (demandez l'autorisation auparavant !). En vous appuyant sur vos observations, rédigez un court paragraphe sur les différences entre le degré d'activité physique des filles et des garçons à différents stades de l'enfance (petite, moyenne, et tardive). Quelles actions devraient être engagées pour améliorer le degré d'activité physique chez les enfants pendant leurs temps de récréation ?

ACTIVITÉ 5   Diagramme chronologique du développement

Faites un diagramme chronologique qui illustre les divers changements qui s'opèrent de la naissance à l'âge adulte en matière de développement physique et mental. Mettez le résultat final en valeur sous forme de poster.

NOTES :

DÉVELOPPEMENT MOTEUR

DÉVELOPPEMENT MOTEUR

CHAPITRE ONZE   ACTIVITÉS ET TRAVAUX PRATIQUES

1   Les temps de réaction et de réponse   *11–3*

2   Les tests d'aptitudes visuelles   *11–8*

3   Les tests de coordination   *11–11*

4   Vérifiez votre équilibre   *11–14*

5   Vérifiez vos habiletés d'anticipation   *11–17*

6   Se servir de ses sens   *11–19*

ACTIVITÉ 1   Les temps de réaction et de réponse

Le temps de réaction

Dans les activités sportives et également dans la vie quotidienne, réagir vite est une des habiletés les plus recherchée (voir livre, pages 400-403). Cette habileté correspond de fait au temps requis pour initier une réponse à un stimulus. Vous ne pouvez pas vous déplacer au même instant que vous observez, entendez ou sentez le stimulus. Entre le moment où le stimulus est observé, entendu ou senti jusqu'au mouvement qui s'en suit, il existe une foule de procédés physiologiques variés qui sont mis en oeuvre. Les organes sensoriels doivent être stimulés, les nerfs doivent transporter l'influx au cerveau (où les décisions correctes sont prises) puis du cerveau aux muscles pour enfin se contracter et initier le mouvement correspondant. Ces procédés requièrent un **temps de réaction (TR)**.

Le temps du mouvement

Une fois le mouvement initié, le **temps du mouvement (TM) commence ;** il s'agit du temps nécessaire pour compléter une tâche du début jusqu'à la fin.

Le temps de réponse

Le temps de réponse est le temps de réaction et le temps du mouvement combinés. Il s'agit du temps total de la présentation du stimulus jusqu'à la fin de la tâche correspondante (voir la figure ci-dessous).

Les vitesses de perception et de motricité sont très importantes dans plusieurs sports. Les coureurs, les nageurs et les rameurs doivent tous répondre rapidement au signal de départ afin d'avoir une performance optimale. Voilà un exemple du **temps de réaction simple (TRS)** puisque les mouvements de ces athlètes répondent à un stimulus simple – le tir de la gâchette du pistolet qui donne le départ. En revanche, songez au quart-arrière, au football, qui doit trouver un receveur libre puis lancer le ballon. Voilà un exemple du **temps de réaction sélectif (TRS)** puisque plusieurs possibilités se présentent au quart-arrière avant de réaliser l'action. Tout dépendant du déroulement de la manœuvre, le quart-arrière peut décider de lancer le ballon à un autre joueur ou même de courir avec le ballon. On retrouve la même situation avec le gardien de but au soccer lorsqu'il doit défendre son but contre un tir de pénalité. Il doit décider entre plusieurs alternatives de stimulus-réponse – est-ce que le tir sera tiré en haut, en bas, à droite, à gauche ou au milieu, etc.

Lorsque le nombre de possibilités de mouvement s'accroît, on observe une augmentation graduelle du temps requis pour y répondre (une augmentation dans le TRS) ; la situation la plus rapide implique seulement un stimulus et une réponse. Les situations ci-dessus illustrent ainsi les divers procédés de prises de décision générées dans le système nerveux central.

Temps de réponse = TR + TM

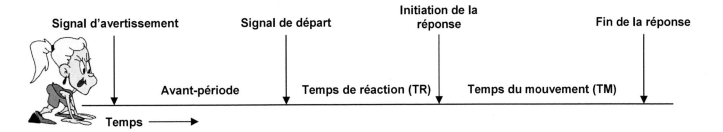

ACTIVITÉ 1   *Les temps de réaction et de réponse (suite)*

(a) Test du temps de réaction de la main

<u>Objectif</u> : Mesurer le temps de réaction de la main à un stimulus visuel.

<u>Équipement</u> :   mètre à mesurer   chronomètre
                      pupitre/bureau   chaise

<u>Étapes préparatoires</u> : Ombragez ou placez du ruban à masquer sur les premiers 3 à 6 centimètres du mètre à mesurer afin d'indiquer la « zone de concentration ».

<u>Marche à suivre</u> : Le participant est assis sur une chaise, l'avant-bras repose confortablement sur le bureau et la main dépasse du bureau d'environ 8 cm. La main est placée en position « prête à pincer » avec le pouce et l'index séparés d'une distance de 3 cm (les parties supérieures des doigts sont parallèles au sol) (figure 11.1a).

Un partenaire tient une extrémité du mètre à mesurer avec le zéro aligné avec les parties supérieures des doigts du participant (figure 11.1b). On demande au participant de se concentrer sur la « zone de concentration » du mètre à mesurer et d'éviter de regarder la main du partenaire avant que soit lâché le mètre. Le participant doit également éviter de déplacer la main lorsqu'il essaie d'attraper le mètre. Lorsqu'on lâche le mètre, le participant doit réagir aussi rapidement que possible en pinçant le pouce et l'index ensemble (figure 11.1c).

Avant chaque lacher, le partenaire doit donner un signal d'avertissement. L'intervalle de temps entre le signal d'avertissement et le signal de départ ne doit pas dépasser 3 secondes et doit varier d'un test à l'autre afin d'empêcher le participant d'anticiper le lacher.

<u>Pointage</u> :

Lorsque le participant attrape le mètre, la mesure est effectuée à partir de la partie supérieure du pouce. Chaque test est mesuré au centimètre près. Trois essais sont permis avant l'épreuve afin que le participant comprenne la marche à suivre. L'épreuve comme telle se compose de 12 essais et on élimine les trois scores les plus bas et les trois scores les plus élevés. Le score final correspond à la moyenne des six scores restants. Réalisez l'épreuve avec la main dominante et la main non-dominante.

Figure 11.1a *Position de départ de la main.*

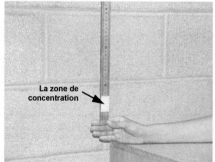

La zone de concentration

Figure 11.1b *Position de départ pour le mètre à mesurer.*

Figure 11.1c *On pince le pouce et l'index afin d'attraper le mètre.*

ACTIVITÉ 1   *Les temps de réaction et de réponse (suite)*

Résultats :

	Main dominante	Main non-dominante		Main dominante	Main non-dominante
Test 1	_____ cm	_____ cm	Test 7	_____ cm	_____ cm
Test 2	_____ cm	_____ cm	Test 8	_____ cm	_____ cm
Test 3	_____ cm	_____ cm	Test 9	_____ cm	_____ cm
Test 4	_____ cm	_____ cm	Test 10	_____ cm	_____ cm
Test 5	_____ cm	_____ cm	Test 11	_____ cm	_____ cm
Test 6	_____ cm	_____ cm	Test 12	_____ cm	_____ cm

Score final pour la main dominante (moyenne des six scores restants) :

[_____ cm + _____ cm + _____ cm + _____ cm + _____ cm + _____ cm] / 6 = _____ cm = _____ s*

Score final pour la main non-dominante (moyenne des six scores restants) :

[_____ cm + _____ cm + _____ cm + _____ cm + _____ cm + _____ cm] / 6 = _____ cm = _____ s*

*Voir encadré ci-dessous pour la conversion des centimètres en secondes (page 11–7)

(b) Test du temps de réaction du pied

Objectif : Mesurer la vitesse de réaction du pied en réponse à un stimulus visuel.

Équipement : le même équipement employé lors du test du temps de réaction de la main

Étapes préparatoires : les mêmes que celles employées lors du test du temps de réaction de la main.

Marche à suivre : (voir le Test du temps de réaction de la main) Le participant est assis sur une table ou un banc placé à environ 3 cm du mur. La plante du pied est également placée à 3 cm du mur avec le talon qui repose sur la table à environ 6 cm du bord (figure 11.2).

Le partenaire tient le mètre à mesurer au mur directement au-dessus du grand orteil. Le participant se concentre sur la « zone de concentration » du mètre à mesurer et réagit en appuyant contre le mètre avec la plante du pied lorsqu'on laisse tomber le mètre.

Pointage : Les mesures sont prises à partir de la partie supérieure du grand orteil sur le mètre à mesurer. Chaque test est mesuré au centimètre près. Trois essais sont permis avant l'épreuve afin que le participant comprenne la marche à suivre. L'essai est invalidé si le mètre à mesurer est croche et que la mesure est difficile à prendre. L'épreuve comme telle se compose de 12 essais et on élimine les trois scores les plus bas et les trois scores les plus élevés. Le score final correspond à la moyenne des six scores restants. Réalisez l'épreuve avec le pied dominant et le pied non-dominant.

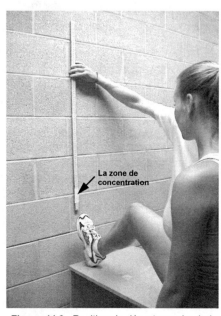

La zone de concentration

Figure 11.2 *Position de départ pour le pied.*

ACTIVITÉ 1 *Les temps de réaction et de réponse (suite)*

Résultats :

	Pied dominant	Pied non-dominant		Pied dominant	Pied non-dominant
Test 1	_____ cm	_____ cm	Test 7	_____ cm	_____ cm
Test 2	_____ cm	_____ cm	Test 8	_____ cm	_____ cm
Test 3	_____ cm	_____ cm	Test 9	_____ cm	_____ cm
Test 4	_____ cm	_____ cm	Test 10	_____ cm	_____ cm
Test 5	_____ cm	_____ cm	Test 11	_____ cm	_____ cm
Test 6	_____ cm	_____ cm	Test 12	_____ cm	_____ cm

Score final pour le pied dominant (moyenne des six scores restants) :

[_____ cm + _____ cm + _____ cm + _____ cm + _____ cm + _____ cm] / 6 = _____ cm = _____ s*

Score final pour le pied non-dominant (moyenne des six scores restants) :

[_____ cm + _____ cm + _____ cm + _____ cm + _____ cm + _____ cm] / 6 = _____ cm = _____ s*

*Voir encadré ci-dessous pour la conversion des centimètres en secondes (page 11–7)

(c) Test du temps de réponse

Objectif : Mesurer le temps de réponse (total du temps de réaction et du temps de mouvement) des mains.

Équipement : mètre à mesurer   ruban à masquer ou craie
              pupitre/bureau   chaise

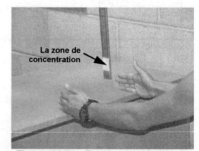
Figure 11.3a *Position de départ pour les mains.*

Étapes préparatoires : Sur le bord du bureau, tracez deux lignes séparées d'une distance de 30 cm à l'aide du ruban à masquer ou de la craie. Ombragez ou placez du ruban à masquer sur les premiers 3 à 6 centimètres du mètre à mesurer afin d'indiquer la « zone de concentration ».

Marche à suivre : (voir le Test du temps de réaction de la main) Le participant est assis sur une chaise de façon à être centré par rapport aux lignes tracées au préalable sur le bureau. Les mains reposent sur les deux lignes avec les paumes en vis-à-vis l'une de l'autre. Un partenaire tient le mètre à mesurer entre les mains du participant avec le zéro aligné avec la partie supérieure des mains (p. ex., les pouces) (figure 11.3a). Le partenaire donne le signal d'avertissement puis laisse tomber le mètre. Le participant tente d'attraper le mètre en claquant des mains (figure 11.3b).

Pointage : (voir le Test du temps de réaction de la main) Lorsque le participant attrape le mètre, la mesure est prise à partir de la partie supérieure des mains (p. ex., les pouces). Chaque test est mesuré au centimètre près.

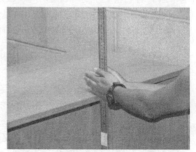
Figure 11.3b *Claquez des mains.*

ACTIVITÉ 1 *Les temps de réaction et de réponse (suite)*

Resultats :

Test 1 _____ cm   Test 7 _____ cm

Test 2 _____ cm   Test 8 _____ cm

Test 3 _____ cm   Test 9 _____ cm

Test 4 _____ cm   Test 10 _____ cm

Test 5 _____ cm   Test 11 _____ cm

Test 6 _____ cm   Test 12 _____ cm

Score final (moyenne des six scores restants) :

[_____ cm + _____ cm + _____ cm + _____ cm + _____ cm + _____ cm] / 6 = _____ cm = _____ s*

*Voir encadré ci-dessous pour la conversion des centimètres en secondes

---

La conversion de centimètres en secondes

Lorsque l'on mesure les temps de réaction et de réponse, il serait idéal de les mesurer en secondes. Ci-dessous, vous trouverez une formule qui permettra de convertir les centimètres en secondes. Cette formule met en rapport la distance (d), le temps (t) et l'accélération (a) pour un objet qui accélère à partir de sa position au repos.

Puisque **d = ½ at²**

$$t = \sqrt{\frac{2d}{a}}$$

alors

Pour nos besoins, a = accélération due à la gravité, et a = 9,8 m/s²

Afin de simplifier les calculs, on prend la racine carrée de la distance puis on la multiplie par la constante 0,045. Le résultat est arrondi au centième de seconde près.

Exemple

Si on note une mesure de 10 cm :

$t = \sqrt{10}$ x 0,045

= 3,162 x 0,045

= 0,1429

= 0,14 s (arrondi)

ACTIVITÉ 2   Les tests d'aptitudes visuelles

L'aptitude visuelle

La perception visuelle et la vision vous fournissent un outil pour un traitement rapide et précis de l'information environnementale. Ces procédés vous permettent de reconnaître et d'identifier divers objets dans l'environnement et de prendre les décisions adaptées afin de répondre aux demandes d'un environnement en perpétuel changement. Afin d'être très performant, il est nécessaire dans tout sport d'évaluer les objets qui se déplacent dans l'espace avec précision, p. ex., attraper et frapper les ballons ainsi que les relations spatiales entre le corps et les divers objets qui l'entourent. Ces habiletés dépendent de la perception visuelle, elle-même construite à partir d'habiletés visuelles telles que l'évaluation de la profondeur de champ (le jugement de la distance), la vision périphérique, la dominance visuelle, la séparation figure-fond, et le suivi visuel (p. ex., l'habileté à suivre une balle en plein vol et la distinguer de la foule pour ensuite l'intercepter). De plus, des habiletés visuelles bien développées forment la base de la coordination main-œil ; habileté requise pour être très performant dans la plupart des sports.

(a) Test de l'œil dominant

<u>Objectif</u> : Déterminer l'œil dominant du participant.

<u>Équipement</u> : stylo, crayon ou doigt

<u>Marche à suivre</u> : Le participant tient un stylo ou crayon à une distance d'un bras au niveau des yeux (figure 11.4). Les deux yeux ouverts, il aligne le stylo ou crayon avec un autre objet éloigné droit devant lui d'environ 3 m (p. ex., un cadre de porte, un tableau noir, une affiche sur un mur). Lorsque les objets sont, selon le participant, alignés le mieux possible, ce dernier ferme un œil à la fois tout en gardant le crayon dans la même position. Le participant doit noter ce qui se passe au niveau de l'alignement pour chaque œil fermé.

<u>Pointage</u> : Si le stylo ou le crayon paraît aligné avec l'objet fixé quand l'œil gauche est fermé, le test révèle alors la **dominance de l'œil droit** puisque l'œil droit est resté ouvert. Si le stylo ou crayon semble rester aligné avec l'objet fixe quand l'œil droit est fermé, le test révèle la **dominance de l'œil gauche** puisque l'œil gauche est resté ouvert. Si le stylo ou crayon semble se déplacer sur le côté quand un des yeux est fermé, le test indique que l'œil ouvert n'est pas l'œil dominant.

<u>Résultats</u> :

Mon œil dominant : _____ (gauche ou droite)

Figure 11.4 *Le crayon est placé à une distance du bras.*

ACTIVITÉ 2 *Les tests d'aptitudes visuelles (suite)*

(b) Le test de la convergence visuelle

Objectif : Déterminer la qualité de la vision convergente du participant.

Équipement : cure-dents   paille à boire standard
               règle

Marche à suivre : Le participant est assis et tient une des extrémité de la paille avec une main et le cure-dent avec l'autre. Le participant doit placer le cure-dent et la paille au niveau des yeux à une distance de 2,5 cm du sommet du nez (votre partenaire vérifiera cette distance et s'assurera que ni la paille ni le cure-dent ne dépassent cette mesure). Le participant tente ensuite de placer le cure-dent à l'intérieur de la paille en se concentrant sur la paille (figure 11.5). Le participant ne doit pas toucher son visage avec ses mains. Il n'a droit qu'à un essai également pour tenter d'entrer le cure-dent dans la paille. Les mains et les coudes doivent rester éloignés du corps.

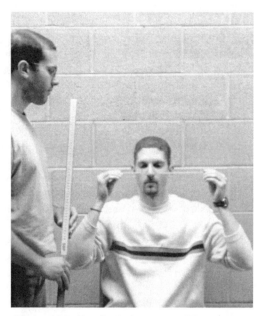

Pointage : Le participant n'a qu'une seule chance pour cette épreuve à une distance de 2,5 cm. Si le cure-dent est placé à l'intérieur de la paille sans difficulté, le participant reçoit un score excellent (tableau 11.1). Si l'épreuve échoue à 2,5 cm, refaire le test à une distance de 8 cm. Si le cure-dent est placé dans la paille à cette distance, le participant reçoit un score moyen. Si le participant échoue à cette distance, une amélioration est requise.

Figure 11.5 *Focalisation sur une paille.*

Résultats :

Mon **score** : _____ cm

Mon **niveau de performance** : _____ (tableau 11.1)

TABLEAU 11.1 Niveaux de succès pour le test de convergence	
Distance réussie (cm)	**Niveau de performance**
Succès à 2,5 cm	**Excellent**
Succès à 8 cm	**Moyen**
Aucun succès à 8 cm	**Besoin d'amélioration**

ACTIVITÉ 2   *Les tests d'aptitudes visuelles (suite)*

(c) Le test de la vision binoculaire

<u>Objectif</u> : Évaluer l'habileté à focaliser sur un objet avec les deux yeux simultanément.

<u>Équipement</u> :   ficelle blanche (d'environ 1,2 m) bouton de chemise
règle ou ruban à mesurer

<u>Marche à suivre</u> : Le participant attache un bout de la ficelle à un objet fixe (tel qu'une poignée de porte ou de tiroir ou n'importe quel objet fixe à la hauteur des yeux une fois assis) puis il s'assoit. Il fait passer la ficelle dans le bouton puis fait glisser celui-ci à une distance de 60 cm du visage, distance que l'on vérifie à l'aide d'une règle. Il place le bout libre de la ficelle sur l'index puis sur le bout du nez. Le participant regarde la ficelle puis focalise son regard sur le bouton simultanément avec les deux yeux. Les images que le participant devrait observer sont reproduites sur la figure 11.6. Afin de recevoir un score pour cette épreuve, le participant doit observer ce qu'il y a sur la figure 11.6a. S'il observe ce qu'il y a sur la figure 11.6b, il n'a aucune vision binoculaire. S'il peut voir ce qui est représenté sur la figure 11.6c, une balle de tennis lui apparaîtra à une distance plus rapprochée que sa position réelle ce qui l'entraînera à frapper la balle prématurément. S'il observe ce qu'il y a sur la figure 11.6d, une balle de tennis lui apparaîtra plus éloignée que sa position réelle et il frappera la balle trop tard.

<u>Pointage</u> : Le participant reçoit un score « excellent » seulement s'il peut voir ce qui est représenté sur la figure 11.6a.

<u>Résultats</u> :

Mon **score** _____ (figure 11.6a-d)

Mon **niveau de performance** : ____ (tableau 11.2)

TABLEAU 11.2   Niveaux de succès pour le test de la vision binoculaire

Vision binoculaire	Niveau de performance
Les ficelles se croisent dans le bouton (a)	**Excellent**
On ne voit qu'une seule ficelle (b)	**Besoin d'amélioration**
Les ficelles se croisent avant le bouton (c)	**Besoin d'amélioration**
Les ficelles se croisent derrière le bouton (d)	**Besoin d'amélioration**

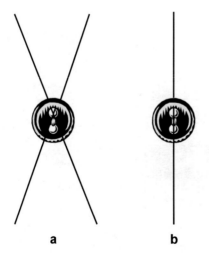
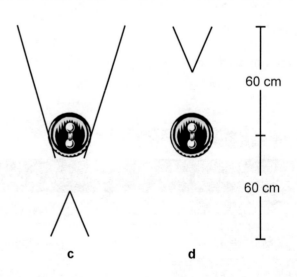

60 cm

60 cm

a   b   c   d

Figure 11.6 *Test de la vision binoculaire.*

ACTIVITÉ 3 Les tests de coordination

(a) Le test de coordination main-poignet

<u>Objectif</u> : Évaluer la coordination et la vitesse du mouvement de la main et du poignet.

<u>Équipement</u> : carton (72 cm × 12 cm) compas   pupitre et chaise
                     chronomètre   crayon ou stylo
                     3 cannettes de boisson gazeuse non-ouvertes

<u>Étapes préparatoires</u> : Sur le carton (72 cm × 12 cm), tracez une ligne droite afin de séparer les deux moitiés du carton sur la longueur. Sur cette ligne, tracez une marque à 6 cm du côté gauche du carton puis une autre tous les 12 cm. À l'aide du compas, tracez des cercles d'un diamètre de 8 cm. Le rayon de chaque cercle doit dépasser de 1 cm celui des cannettes. Chaque cercle est numéroté de 1 à 6. Le cercle (numéroté 1) est le premier cercle à droite du participant et le dernier (numéroté 6) est le dernier sur la gauche du participant.

Afin d'évaluer la coordination de la main gauche, il suffit de retourner le carton afin que le cercle 1 soit le premier sur la gauche du participant et le cercle 6 le dernier sur la droite du participant.

<u>Marche à suivre</u> : Placez les cannettes au centre des cercles 1, 3 et 5. Le participant est assis sur une chaise devant le bureau et bien au centre par rapport au carton (figure 11.7a). La main dominante est évaluée en premier. Pour le participant droitier, placez la main droite sur la cannette 1 avec le pouce dirigé vers le haut. Le coude ne doit pas être bloqué mais lâche et placé à un angle de 100-120°. Au signal de départ, on chronomètre le temps requis pour placer les cannettes à l'envers dans le cercle suivant ; c'est-à-dire, placer la cannette 1 dans le cercle 2, placer la cannette 2 dans le cercle 4 et placer la cannette 3 dans le cercle 6. Pour la seconde partie, le participant prend les cannettes avec le pouce vers le bas puis retourne les trois cannettes à leurs positions initiales en débutant avec la cannette 1.

Une épreuve complète comprend deux parcours (figure 11.7b). On arrête le chronomètre lorsque la dernière cannette retrouve sa position originale. Le temps est noté au dixième de seconde près.

Pour évaluer la coordination de la main non-dominante, inversez le carton puis suivez la même démarche.

Deux épreuves sont administrées pour chaque main. Si le participant manque un cercle (c'est-à-dire qu'une cannette est placée sur la ligne ou dépasse la ligne), le test doit être repris du début. Le participant a droit à quelques essais avant de procéder à l'épreuve comme telle.

Figure 11.7a *Test de la coordination main-poignet.*

ACTIVITÉ 3 *Les tests de coordination (suite)*

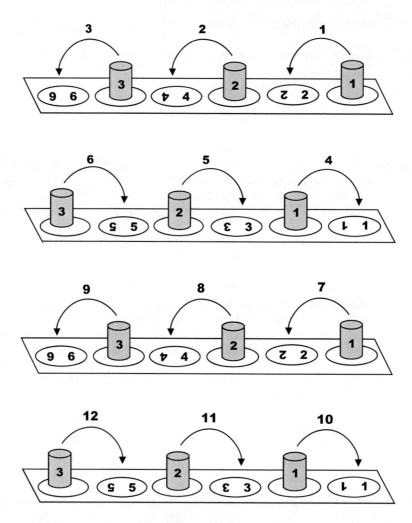

Figure 11.7b *Séquence à suivre pour le déplacement des cannettes de boisson gazeuse.*

Resultats :

	Main dominante	*Main non-dominante*
Test 1	_____ s	_____ s
Test 2	_____ s	_____ s

- Y a-t-il une différence entre les performances pour la main gauche et droite ? Justifiez votre réponse.

- Lorsque tous les étudiants ont terminé ce test, compilez les résultats et calculez un score moyen pour les hommes et les femmes. Discutez de vos résultats.

ACTIVITÉ 3 *Les tests de coordination (suite)*

(b) Test de la cible évaluant la coordination de plusieurs membres

Objectif : Évaluer la coordination des membres du participant.

Équipement :   ballon « nerf » (diamètre de 10 cm)   ruban à masquer ou bâtons
ruban à mesurer

Marche à suivre : Dessinez une cible carrée sur le sol avec des côtés de 60 cm x 60 cm. Lors d'une journée sans vent, placez-vous derrière une ligne située à 12 m (9 m pour les femmes) du centre de la cible carrée (figure 11.8). Demandez à votre partenaire de se placer derrière la cible carrée. Vous avez droit à cinq lancers pour vous préparer. L'épreuve consiste à lancer le ballon « nerf » dans le carré en se servant de tout votre corps lors du lancer. Pour l'épreuve en tant que telle, réalisez 15 lancers.

Pointage : Chaque fois que le ballon atterrit dans le carré, le participant reçoit un point (si la balle rebondit dans le carré où qu'elle y roule, le point n'est pas compté). Le participant reçoit également un point si le ballon touche le ruban ou les bâtons qui délimitent le carré. Si le participant ne parvient toujours pas à rejoindre le carré avec ses lancers, il peut s'avancer de 1,5 m.

TABLEAU 11.3 Niveaux de succès pour la coordination de plusieurs membres	
Nombre de fois que le ballon atterrit dans le carré	**Niveau de performance**
13 – 15	**Excellent**
10 – 12	**Supérieur à la moyenne**
7 – 9	**Moyen**
4 – 6	**Inférieur à la moyenne**
0 – 3	**Besoin d'amélioration**

Résultats :

Mon **score** _____ (sur 15)

Mon **niveau de performance** : _____ (tableau 11.3)

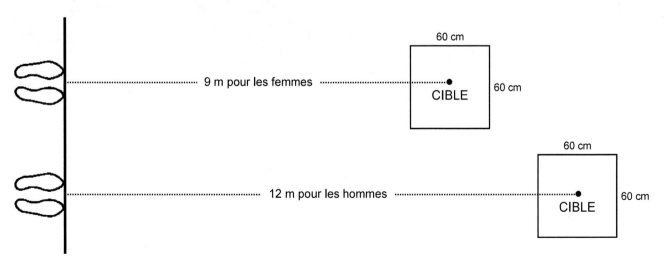

Figure 11.8 *Organisation du test de coordination de plusieurs membres (le diagramme n'est pas à l'échelle).*

ACTIVITÉ 4   Vérifiez votre équilibre

L'équilibre

Posséder le sens de l'équilibre est une habileté nécessaire à l'acquisition d'un grand nombre de compétences (voir le manuel, p. 396-399). Les récepteurs sensoriels présents dans les muscles, les tendons, les articulations et les appareils vestibulaires envoient des signaux relatifs au mouvement et à l'amplitude du mouvement des diverses parties du corps de même que des signaux relatifs à l'orientation générale du corps par rapport à son centre de gravité. Ces récepteurs sensoriels sont mieux connus sous le nom de proprio-récepteurs (voir p. 442-444). Avoir recours à votre sens kinestétique pour apprendre à exécuter certaines tâches motrices telles que se concentrer afin d'avoir la sensation de réaliser un mouvement parfait ou se placer dans la bonne position lors de la manœuvre d'une tâche particulière peut être très utile. L'habileté à s'équilibrer peut potentiellement améliorer toute activité motrice qui requiert la locomotion et le contrôle corporel. Les mouvements qui fournissent l'occasion de développer un sens de l'équilibre dans des situations très diverses devraient permettre aux individus d'acquérir des compétences nécessitant un sens de l'équilibre.

Il existe une différence entre l'équilibre dynamique et l'équilibre statique. L'équilibre statique est l'habileté à s'équilibrer sur une surface stable lorsqu'il n'y a aucun mouvement locomoteur. Plusieurs activités en gymnastique telles que l'équilibre sur la poutre dépendent de l'habileté à s'équilibrer de façon statique. L'équilibre dynamique englobe une grande foule d'activités puisqu'il se réfère à l'habileté de s'équilibrer sur une surface en mouvement (p. ex., faire de l'aviron, de la planche à voile, etc.) ou de s'équilibrer en état de locomotion (p. ex., faire du ski, du patin en-ligne, etc.)

(a) Le test d'équilibre statique de la cigogne

Objectif : Déterminer l'équilibre statique du participant.

Équipement : chronomètre

Marche à suivre : On doit porter des espadrilles pour ce test. Le participant se place debout sur la jambe dominante (la jambe que l'on utilise pour frapper un ballon), l'autre pied placé sur le genou de la jambe dominante et les mains placées sur les hanches (figure 11.9). Au signal, le participant ferme les yeux et tente de maintenir son équilibre aussi longtemps que possible.

Pointage : On arrête le chronomètre lorsque le participant perd son équilibre (p. ex., lorsqu'il enlève ses mains des hanches, lorsque le pied perd son contact avec le genou, ou quand le participant se déplace de sa position originale). Le temps est chronométré au dixième de seconde. L'épreuve est administrée trois fois en cinq minutes. Le résultat final correspond au meilleur temps relevé lors des trois tests. Les niveaux de performance sont présentés dans le tableau 11.4.

Résultats :

Test 1 _____ s
Test 2 _____ s
Test 3 _____ s

Mon **score** _____ s (meilleur temps des trois essais)

Mon **niveau de performance** _____

Figure 11.9 *Le test d'équilibre statique de la cigogne à réaliser les yeux fermés.*

ACTIVITÉ 4 *Vérifiez votre équilibre (suite)*

TABLEAU 11.4 Normes (en secondes) pour le test de la cigogne réalisé les yeux fermés

Niveau de performance	Hommes	Femmes
Excellent	≥ 50	≥ 35
Supérieur à la moyenne	40 – 49	25 – 34
Moyen	30 – 39	15 – 24
Inférieur à la moyenne	25 – 29	10 - 14
Besoin d'amélioration	≤ 24	≤ 9

(b) Le test d'équilibre dynamique de la cigogne

<u>Objectif</u> : Évaluer l'équilibre dynamique du participant.

<u>Équipement</u> :   sol lisse (p. ex., plancher d'un gymnase ou d'une salle de classe)
chronomètre

<u>Marche à suivre</u> : On peut porter des bas ou des espadrilles pour cette épreuve mais il sera plus facile de tourner en portant des bas. Le participant se tient debout sur la jambe dominante avec l'autre pied sur le genou de la jambe dominante et les mains placées sur les hanches (figure 11.10a). Au signal « Tournez ! », le participant se tourne de 180° vers la gauche (si la jambe gauche est dominante) en pivotant sur la plante du pied (figure 11.10b). On donne le signal de pivoter toutes les cinq secondes (figure 11.10c).

Figure 11.10a *En station debout sur la jambe dominante.*

Figure 11.10b *Rotation de 180°.*

Figure 11.10c *Rotation toutes les cinq minutes.*

ACTIVITÉ 4   *Vérifiez votre équilibre (suite)*

<u>Pointage</u> : Le participant continue de pivoter jusqu'à ce qu'il perde l'équilibre. Par exemple, lorsque le pied perd son contact avec le genou ou que les mains se déplacent des hanches. Le temps est chronométré au dixième de seconde près. Le score final correspond au nombre total de secondes.

<u>Résultats</u> :

Mon score final _____ s

Mon **niveau de performance** _____ (tableau 11.5)

TABLEAU 11.5   **Normes (en secondes) pour le test d'équilibre dynamique de la cigogne**

Niveau de performance	Hommes	Femmes
Excellent	≥ 50	≥ 45
Supérieur à la moyenne	40 – 49	35 – 44
Moyen	30 – 39	25 – 34
Inférieur à la moyenne	20 – 29	15 - 24
Besoin d'amélioration	≤ 19	≤ 14

ACTIVITÉ 5   Vérifiez vos habiletés d'anticipation

L'anticipation et le timing sont deux habiletés importantes pour exécuter plusieurs tâches motrices. L'anticipation exige que ceux qui exécutent le mouvement puissent coordonner ou synchroniser leurs réponses motrices à un événement externe. Le frapper d'une balle de base-ball, le timing du « snap-count » au football, savoir garder le rythme dans la danse et même deviner quand se terminera la leçon sont tous des exemples du « savoir anticiper ». L'anticipation permet aux individus de gérer des longs délais de réaction et de prédire ce qui se passera et quand, de manière à réaliser des opérations diverses de traitement de l'information en avance. Donc, un joueur en position de défense au football peut prédire lorsque son adversaire tentera une percée et il se positionnera en conséquence sur le terrain. Tout comme le joueur de base-ball peut anticiper la localisation d'une balle en chandelle en étant attentif au bruit de la balle après qu'elle ait été frappée et anticiper sa trajectoire avant de pouvoir l'attraper.

Savoir anticiper vous permet de prédire efficacement les réponses requises à des situations spécifiques et d'organiser vos mouvements à l'avance en conséquence. Cette habileté vous permet d'initier les mouvements plus tôt et de réduire le temps du traitement de l'information. Vous êtes alors très avantagés si vous pouvez anticiper quel geste va se produire, quand ce geste va se produire et où il se produira. Observer le lancer d'une balle de base-ball par le lanceur, prédire quand elle atteindra le marbre, et où elle se trouvera sont des exemples d'anticipation. L'anticipation est donc une habileté qui s'améliore avec la pratique et apporte énormément de bénéfices lors de performances sportives. Vous devez premièrement vous instruire et vous familiariser avec les régularités d'un événement afin de développer une habileté d'anticipation.

Vérifiez votre habileté d'anticipation

<u>Objectif</u> : Évaluer l'habileté d'anticipation du participant.

<u>Équipement</u> :   mètre à mesurer avec une marque à 50 cm
chaise
bureau ou pupitre

<u>Marche à suivre</u> : Le participant est assis devant un bureau ou un pupitre, l'avant-bras à plat avec la main en position prête à pincer un objet (voir figure 8.11a). Il est important que le participant ne retire pas sa main de sur la table lors de l'épreuve et que le pouce et le majeur demeurent alignés durant tout le test. Placer la main dominante à 8 cm à l'intérieur du bord de la table (figure 11.11a).

Un partenaire place le mètre à mesurer au même niveau que les parties supérieures du pouce et de l'index et à 2 cm du bord de la table. Lorsque le participant indique qu'il est prêt pour le test, le partenaire attend entre 1 à 10 secondes avant de laisser tomber le mètre. Au moment où le mètre est lâché, le participant doit glisser sa main (sans toutefois la relever de la table) puis attraper le mètre avec le pouce et l'index le plus près possible de la marque dessinée au préalable sur le mètre (figure 11.11b).

<u>Pointage</u> : Le participant n'a droit à aucun essai avant l'épreuve. L'épreuve comprend cinq tests et les mesures sont prises à partir de la partie supérieure des doigts jusqu'à la marque sur le ruban à mesurer. Déterminez votre niveau de performance en vous basant sur votre meilleur score et les normes du tableau 11.6.

<u>Résultats</u> :

Test 1 _____ cm

Test 2 _____ cm

Test 3 _____ cm

Test 4 _____ cm

Test 5 _____ cm

ACTIVITÉ 5   *Vérifiez vos habiletés d'anticipation (suite)*

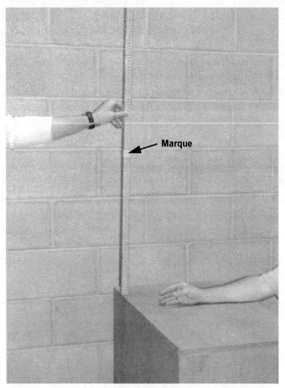

Figure 11.11a   *Position initiale pour le test d'anticipation.*

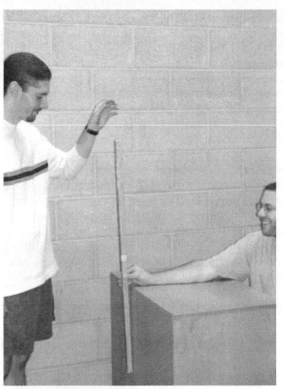

Figure 11.11b   *Faire glisser la main puis pincer pour attraper le mètre.*

TABLEAU 11.6   **Niveaux de performance pour le test d'anticipation (en cm)**

Meilleure distance (en cm)	Niveau de performance
0 – 1,5	**Excellent**
1,6 – 4,0	**Supérieur à la moyenne**
4,1 – 7,0	**Moyen**
7,1 – 10	**Inférieur à la moyenne**
10,1 – 13	**Besoin d'amélioration**

Mon **niveau de performance** _____ (tableau 11.6)

ACTIVITÉ 6   Se servir de ses sens

Les organes sensoriels impliqués dans le lancement du disque

Dans les espaces blancs de la figure ci-dessous, indiquez quels sont les organes sensoriels impliqués dans le lancement du disque. Puis, tracez une ligne reliant chaque espace à la source de feedback sur le lanceur du disque.

ACTIVITÉS PHYSIQUES ET PROBLÈMES SPORTIFS

ACTIVITÉ PHYSIQUE, SPORT ET SOCIÉTÉ

CHAPITRE DOUZE   ACTIVITÉS ET TRAVAUX PRATIQUES

1   L'agressivité dans les sports   *12–3*

2   Comportements déviants dans les pratiques sportives au secondaire
12–4

3   Le sport féminin dans le monde   *12–4*

4   L'activité physique chez les personnes du troisième âge   *12–5*

5   Les technologies et les sports   *12–5*

ACTIVITÉ 1 L'agressivité dans les sports

Qu'est-ce que l'agressivité d'après vous ?

Avec vos propres mots, définissez chaque type d'agressivité mentionné ci-dessous. Ensuite, illustrez vos définitions à l'aide de quelques exemples en indiquant certains comportements que vous avez pu observer dans le milieu sportif. Partagez vos expériences avec la classe.

■ **L'agressivité hostile :**

_____

_____

_____

Exemples : _____

_____

■ **L'agressivité instrumentale :**

_____

_____

_____

Exemples: _____

■ **Le comportement assertif :**

_____

_____

_____

Exemples: _____

_____

ACTIVITÉ 2   Comportements déviants dans les pratiques sportives au secondaire

Le père d'un joueur de tennis, âgé de 16 ans, a été arrêté en France après avoir été soupçonné d'avoir versé un soporifique dans les bouteilles d'eau de l'adversaire de son fils.

L'exemple ci-dessus décrit une situation dans laquelle le désir de vaincre mène à des comportements déviants extrêmes. Citez d'autres exemples de tricheries ou de comportements déviants que vous avez pu observer dans les pratiques sportives au secondaire ? Si vous avez besoin d'aide, consultez votre professeur d'éducation physique.

Partagez vos expériences avec la classe et lancez le débat sur ce sujet avec vos camarades.

ACTIVITÉ 3   Le sport féminin dans le monde

Avec un ami, consulter les sites Internet traitant du sport féminin dans le monde à l'adresse suivante : **www.de.psu.edu/wsi/contacts.htm**

Ce site fournit de nombreux liens vers des sites en Australie, au Canada, au Japon, au Royaume-Uni et aux États-Unis.

Rédigez un résumé d'une page à partir des résultats de vos recherches.

ACTIVITÉ 4   L'activité physique chez les personnes du troisième âge

Avec un ou deux amis, visitez une maison de retraite dans votre quartier afin de recenser le type d'activités physiques offertes aux résidants. Préparez un bref exposé oral pour vos camarades.

ACTIVITÉ 5   Les technologies et les sports

Avec un ami, consulter les sites Internet traitant des prévisions relatives à l'impact des technologies sur les sports et les athlètes à l'adresse suivante :

www.mhhe.com/hper/physed/coakley_sport

Préparez un bref exposé oral sur le sujet pour vos camarades de classe.

SOCIÉTÉ, CULTURE, ET SPORT

ACTIVITÉ PHYSIQUE, SPORT ET SOCIÉTÉ

CHAPITRE TREIZE   ACTIVITÉS ET TRAVAUX PRATIQUES

 1   Biographie d'athlète   *13–3*

 2   Couverture médiatique des sports   *13–3*

 3   Les industries de l'alcool et du tabac comme sponsors : débat   *13–3*

 4   Envolée des salaires : les joueurs en valent-ils le coup ?   *13–4*

 5   L'économie du Hockey dans le monde entier   *13–4*

 6   Le monde du « Sportainment »   *13–4*

ACTIVITÉ 1   Biographie d'athlète

Préparez une brève biographie, à présenter à la classe, intitulée « Mon athlète canadien favori de tous les temps ». Justifiez votre choix pour cet athlète et expliquez pourquoi, selon vous, cette personne a marqué notre société ou notre culture.

 ACTIVITÉ 2   Couverture médiatique des sports

En groupes de deux ou trois, choisissez un des médias suivants : journaux, magazines, télévision ou vidéo/ DVD. Effectuez ensuite des recherches sur ce type de média et exposez à la classe la nature de la couverture des sports dans ces médias et la proportion réservée à ces derniers.

 ACTIVITÉ 3   Les industries de l'alcool et du tabac comme sponsors : débat

Réfléchissez à la question : « Doit-on autoriser les industries de l'alcool et du tabac à sponsoriser les sports au Canada ? » Divisez arbitrairement la classe en deux groupes (un groupe « pour » et l'autre « contre ») et organisez un débat sur la question.

ACTIVITÉ 4   Envolée des salaires : les joueurs en valent-ils le coup ?

Comme devoir personnel, effectuez des recherches sur Internet ou à partir d'autres sources et dressez une liste des dix athlètes qui reçoivent les salaires les plus élevés dans chacun des sports suivants : base-ball, basket-ball, football et hockey. Présentez les résultats de vos recherches à la classe pour la mise en place d'un groupe de discussion sur la question : « Les athlètes professionnels valent-ils leurs salaires ? »

ACTIVITÉ 5   L'économie du Hockey dans le monde entier

Pour accéder à une collection étonnante de données sur le business et l'économie du Hockey au Canada et dans le monde entier, consultez avec un ami le site à l'adresse suivante :

www.hockeyzoneplus.com

Rédigez un résumé de trois à cinq pages en vue d'un exposé oral en salle de classe.

ACTIVITÉ 6   Le monde du « Sportainment »

Pour découvrir des exemples extrêmes de « sportainment », consultez avec un ami le site à l'adresse suivante :

www. wwe.com

Partagez oralement les résultats de vos recherches avec la classe.

NOTES:

RESSOURCES

AAHPERD. (1976). *Youth fitness test manual.* Reston, VA : AAHPERD.

Akesson, E. J., Loeb, J. A., & Wilson-Pauwels, L. (1990). *Thompson's core textbook of anatomy* (2e édition). Philadelphie : Lippincott.

Arnot, R. B., & Gaines, C. L. (1986). *Sports talent.* New York : Penguin Books.

Baumgartner, T. A., & Jackson, A. S. (1995). *Measurement for evaluation in physical education.*

CAHPER. (1980). *Fitness performance II test manual.* Ottawa, ON : CAHPER.

Carola, R., Harley, J. P., & Noback, C. R. (1992). *Human anatomy.* New York : McGraw-Hill.

Davis, G. P., & Park, E. (1984). *The human body: The heart: The living pump.* New York : Torstar Books.

Greenberg, J. S., Dintiman, G. B., Oakes, B. M., Kossuth, J. D., & Morrow, D. (2000). *Physical fitness and wellness* (Canadian ed.). Scarborough, ON : Allyn & Bacon.

Hoeger, W. W. K., & Woeger, S. A. (1994). *Principles and labs for physical fitness and wellness* (3e édition). Englewood, CO : Morton.

Höhn, J. (1987). *Tennis: Play to win the Czech way.* Toronto, ON : Sport Books Publisher.

Johnson, B. L., & Nelson, J. K. (1986). *Practical measurements for evaluation in physical education* (4e édition). New York : Macmillan.

Kirby, R. F. (1971). A simple test of agility. *Coach and Athlete,* 30-31.

Kreighbaum, E., & Barthels, K. M. (1990). *Biomechanics* (3e édition). New York : Macmillan.

Lindsay, D. T. (1996). *Functional human anatomy.* St. Louis, MO : Mosby.

RESSOURCES *(suite)*

Prentice, W. E. (1999). *Fitness and wellness for life* (6e édition). Dubuque, IA : WCB/McGraw-Hill.

Schubert, F. (1994). *Psychology from start to finish.* Toronto, ON : Sport Books Publisher.

Sebel, P., Stoddart, D. M., Waldhorn, R. E., Waldmann, C. S., & Whitfield, P. (1985). *The human body: Respiration: The breath of life.* New York : Torstar Books.

Vander, A. J., Sherman, J. H., & Luciano, D. S. (1994). *Human physiology: The mechanisms of body function.* New York : McGraw-Hill.

Wakelin, R. (2002). *Unpublished teaching resources.* Toronto : University of Toronto Schools.

Wakelin, R. (2002). *50 more puzzles for teachers of health and physical education.* Toronto : University of Toronto Schools.

Wilmore, J. H., & Costill, D. L. (1988). *Training for sport and activity.* Dubuque, IA : Wm. C. Brown.